THE ANSWERS FOR WOMEN

那些不能告訴男人的事

只給女人的幸福答案

人生視野：47

那些不能告訴男人的事：只給女人的幸福答案

編著　楊姿瑜
出版者　大拓文化事業有限公司
執行編輯　林美娟
美術編輯　劉逸芹

總經銷　永續圖書有限公司
劃撥帳號　18669219
地址　22103 新北市汐止區大同路三段一九四號九樓之一
TEL　(〇二)八六四七—三六六三
FAX　(〇二)八六四七—三六六〇
E-mail　yungjiuh@ms45.hinet.net
網址　www.foreverbooks.com.tw

CVS代理　美璟文化有限公司
TEL　(〇二)二七二三—九九六八
FAX　(〇二)二七二三—九六六八

法律顧問　方圓法律事務所　涂成樞律師

出版日◇二〇一五年一月

國家圖書館出版品預行編目資料

那些不能告訴男人的事：只給女人的幸福答案/楊姿瑜編著. -- 初版. -- 新北市：大拓文化, 民104.01
面；　公分. -- (人生視野系列；47)
ISBN 978-986-5886-94-3(平裝)
1.戀愛 2.女性 3.生活指導
544.37　　103023540

PREFACE

前言

如果我們沒有這樣深情地愛過，
如果我們沒有這樣盲目地愛過，
如果我們從不遇見，或從不分離，
我們應該就不會傷心了。——（英）彭斯

我們對幸福的追尋、我們向成功的跨越，其最大障礙常常不是我們的技能、知識、環境和輿論，而恰恰是我們自己，為了避開人生中的各種迷失，本書涵蓋了如何把握愛的分寸、夫妻相處的藝術、豁達自信地處世、戰勝挫折、追求真實的生活、有效保護自己、享受快樂的人生等女性朋友非常需要瞭解的內容，希望書中一個個開啟心智的故事和富有哲理的思考，能成為鼓勵、安慰和激勵妳的小幫手。

目錄

CONTENTS

POINT

成熟的男人不一定可靠

真正的愛情是不能用言語表達的，行為才是忠心的最好說明。——（英）莎士比亞

剛認識小永時小敏還是個剛畢業的學生，而他則是她們老闆的好朋友。他時常到她們公司來找老闆一起聊天吃飯。小敏身為老闆的祕書，在老闆有事時要負責接待的工作。他比她整整大十四歲，自己擁有一家廣告公司，辦事成熟老練，說話風趣幽默，是個對年輕女孩極具吸引力的男人。那時他離婚已經快兩年了，他對他的一切一點也沒隱瞞：他的妻子出國後就不打算回來了，而他又不想放棄自己在國內的事業，於是他們分手了。接觸的次數多了，小永和小敏彼此有了好感。

不知為什麼，小敏很同情他的感情生活，同時也不明白為什麼這樣一個優秀的男人會沒有人愛。那時小敏的男友是她的大學同學，比她小幾個月。他年輕、好動、精力旺盛，對

任何事物都有著強烈的好奇心和進取心，這也是她喜歡和他在一起的原因。但讓她不滿意的一點，就是他的年齡比她小，說話辦事時透著一股「稚氣」。或許他們都是獨生子女的緣故，他們在一起時常常為了一點小事而各不相讓，有時還拿惡言相向的來攻擊對方。

自從認識小永後，小敏總不自覺地拿他和男友比較，越來越覺得男友稚嫩、不穩重。終於，小敏在又一次和男友吵翻後鬼迷心竅地投入了小永的懷抱。然而，在第二天早晨，正當她自認為找到了幸福的港灣，沈浸在自己編織的美夢中的時候，他冷靜地告訴她：「我們的年齡相差實在太大，我是一個成熟的男人，經過深思熟慮後，我認為，我們今後不可能生活在一起……」他說出那番話的時候是那麼沈著冷靜，如果不是談話的內容，她真的會再次為他的「成熟」所傾倒。從他家走出來的那一刻，小敏猛然覺得自己成熟了。她已經從一個只憑感情用事的小女孩成長為一個女人。

♥多數女人在談戀愛時都希望找一個年長於自己、成熟、成功的男人來做為自己的伴侶，和自己終身的依靠。但成熟不等於可靠，最重要的是適合自己，願意和自己牽手，一起走過一生。

POINT

什麼是幸福無憂的生活

如果一個人把生活興趣全部建立在愛情那樣暴風雨般的感情衝動上，那是會令人失望的。——（波蘭）居里夫人

小雯長得很漂亮，身邊不乏優秀的追求者，小杜是追求者中的最高收入者，因此讓小雯頗為心動。小杜很熱情，人也比較風趣，經常帶小雯去一些高級娛樂場所消費。小雯對他的好感與日俱增，小杜的年齡比小雯大好幾歲，沒多久時間，他便向小雯求婚了。

小雯考慮再三後，終於決定嫁給小杜，她簡單地認為，小杜收入高，自己跟著他可以過著幸福無憂的生活。

就這樣，兩人舉行了婚禮，住進了大別墅。但是結婚以後，小雯才發現，自己和小杜並不合適。小杜由於收入高、地位高，所以非常大男人主義，小雯在家中根本無地位可言。

小雯總覺得小杜有一種高高在上的感覺，而自己似乎像個弱者；家裡的一切瑣事，小杜從不過問；且自從結婚後，對自己的態度也變了，不像以前那樣熱情了，把自己當成了他的附屬品。

終於，小雯受不了了，她認為雖然小杜有錢，但是自己要的不是物質生活上的滿足。最終小雯提出了離婚，對於此，小杜似乎並不在乎，並表示尊重，就這樣，兩人好聚好散。

後來小雯找到了一份工作，第一天到新公司上班時，由於對業務不太熟悉，她被主管訓斥了一頓，她委屈得眼圈都發紅了。此時，同事小陳在她的身邊對她說：「別急，我來幫妳。」然後向小雯解釋應該如何做。

小雯於是對小陳產生了好感。後來，她在工作上、生活上受到了小陳無微不至的照顧。公司有時要加班，小雯的家離公司較遠，小陳總是主動要求送她回家。終於，小陳的深情感動了小雯，兩人開始約會談戀愛了。在相處半年後，小陳向小雯求婚。

小雯告訴小陳自己過去的那段婚姻，小陳表示並不介意，於是兩人結婚了。新房是向銀行貸款買的，小陳的父母也是一般的薪水階級，拿出部份積蓄幫兒子付了房子的頭期款後，就無力再資助他了。於是小陳與小雯拿出自己的積蓄買了家電，裝潢了愛巢。

但隨之而來的婚後經濟困難讓兩人十分窘迫。兩人薪水加起來只有四萬元左右，而每月付銀行貸款就要二萬一千元，剩餘一萬六千元對於一般家庭而言或許生活夠了，但對於新婚夫婦，尤其是對現在的時尚青年來說，可謂捉襟見肘。

不過小雯並不後悔，因為婚後她與小陳相處得很開心，她終於明白擇偶應選擇真正愛自己的人，不能只認金錢不認人。

選擇結婚對象時，適當考慮對方的經濟條件是必要的；但是，絕對不能只貪圖對方有錢。志趣相投、真心相愛，才是最重要的。

POINT

金錢代替不了愛

妳能用金錢買來的愛情，別人也能用金錢將它買去。——（英）彭斯

秀秀在婚後很長時間裡一直覺得自己很知足。原因是她如願以償地嫁給了一個大富豪。在這之前，她曾經和一個窮得只剩下志氣的男人同居了好幾年，眼看著身邊一個個同年齡朋友紛紛嫁了人生了孩子，而自己的男人的志氣沒有換來任何實質性的東西，她在羨慕其他朋友的同時，又感歎自己遇人不淑。這時候她開始比較，越比越覺得自己各方面都比朋友們強，越比越覺得男友什麼也不是，最後她終於做出痛苦的抉擇：分手。

秀秀一離開原來的男友，便得到了許多「熱心人」的「關懷」，而她開出的條件就只有一條：只要有錢就行。天啊，只要有錢就行，這不意味著自己要嫁給錢嗎？秀秀當時可沒考慮這麼多，她只考慮自己已年近三十，再不「出清」，到時候什麼條件也由不得自己了。

於是她很快就成了一棟二百多坪高級別墅的女主人。男主人是個房地產商人，平時很少在家，她對他並不抱怨。

男人嘛，成天在家裡陪著老婆怎麼會有錢？秀秀對老公的忙碌自然理解有餘。可是日子久了，她發現自己又增添了新的苦悶——度日如年的孤單！

她開始後悔把工作辭掉，開始羨慕那些在外上班的朋友；她開始厭惡成天為她一個人忙裡忙外的佣人；她開始對既無活力又無朝氣與世隔絕的生活感到一種莫名的恐懼。然而這些都不要緊，要緊的是她開始思念起那個至今還孑然一身的初戀情人。於是，她打電話和他幽會。她終於重新處在一個富人和一個窮人的兩難之中，她說她這一生完了。

♥ **金錢能買來婚姻，買不來愛情。婚姻是兩個人的事，如果沒有真愛而結婚，婚後的生活中自然會出現許多意想不到的煩惱。**

POINT

門當戶不對

不太熱烈的愛情才會維持久遠。——（英）莎士比亞

小芳現在的處境十分尷尬。前些日子她在公司老總的特許下，住進了公司單身宿舍，可是同事們不解：她剛結婚不到一年呀，那對象不是她自己挑的嗎？

小芳和她的丈夫孫延偉同畢業於北部的某大學，小芳拿的是大學學歷，而孫延偉是碩士。在輩分上，孫延偉理所當然地成了小芳的學長。這兩個來自北部的學子在校時並沒有什麼深交，可是前兩年他們在台南不期而遇，隨後便不斷聯絡，並培養出了感情。

一年後，他們順理成章地在台南成立了自己的家。沒有人對他們的婚姻持懷疑態度。至少，在沒有任何外在因素的前提下，他們是符合「門當戶對」的一對佳人才子。

小芳也是以這世俗眼光來做標準的，所以，她才會這麼迅速地嫁給孫延偉。但她卻忽

略了另一個要素：自己在台南工作期間，正為通過成大的「碩士」資格考試而奮力苦讀著。

這件事孫延偉在當初只是不贊成也不反對，後來是默默地反對，再後來變成了堅決地反對。以至小芳懷孕成了家庭戰爭的引爆點。

小芳堅持要做人工流產，她說：「現在生孩子我的碩士資格考試就前功盡棄了，等明年我通過了再生豈不更好？」

孫延偉則不以為然，他說：「我就是碩士，妳要通過了碩士，是不是意味著我要再去讀博士？我通過了博士，妳可能又不想生了……這樣做的話，到孩子生下來時是不是該叫咱倆為爺爺奶奶了？」

夫妻倆為此事不知道爭執了多少回，但每一次都無法達到共識。小芳是等不了「持久戰」的結果了，她自己跑到醫院完成了「人工流產」手術，於是丈夫在她的臉上留下了五個火辣辣的手指印。她當天就離開了家……任她丈夫怎麼請也請不回去。

♥ **在選擇對象的時候的確要考慮多種因素。僅僅門當戶對是不夠的，還必須互相容忍和體諒。**

POINT

男人對妳好不好

愛情裡面要是摻雜了和它本身無關的算計，那就不是真的愛情。——（英）莎士比亞

莉莉任職於一家著名的網路公司，擔任企劃總監。在職場裡，她是眾所周知的女強人，初次見面的客戶都很難想像那麼出色的企劃案是出自這麼一位美麗女人之手。

莉莉的老公是化工公司一名普通員工，大學畢業後應徵到公司裡。薪水穩定，但是不高，職位也沒有任何升遷。而他每天都循規蹈矩地上班下班，沒有一點點抱怨和不平衡。莉莉下班後他們一起做家務，然後聽莉莉講她那些稀奇古怪的想法，幫助莉莉做她的企劃案，或者他們互相談論公司有趣的事。每天小倆口都過得其樂融融。

在外人眼裡，相貌出眾又能幹的她和平淡無奇的老公是絕對的鮮花牛糞配。周圍的人常在背後指指點點地說真是「好漢無好妻，賴漢娶花枝」，可是每次有人這樣說時莉莉和老

公都是相視而笑。莉莉的老公偶爾也有自卑的時候，有時他也會覺得自己是個男人，不能比老婆差，應該努力超過老婆。可是，每當他有這種想法的時候，莉莉都要安慰他，說只要他們相愛過著平淡幸福的生活，誰比誰強都不重要。莉莉太瞭解老公了，她知道現狀是最適合他那種個性的人的，而她當初也正是因為他不是那麼優秀卻對她好才選擇他的。

♥最重要的是選擇一個對自己好但平凡的男人，然後夫妻雙方仍舊按照自己的方式過自己的生活，這樣就會減少很多煩惱。男人出類拔萃地能幹，最多也就是滿足一下小女人的虛榮；而他對妳好，則會讓妳享受一輩子。

POINT

永遠得不到滿足

愛本質上是給予而非獲取。——（德）弗洛姆

一個新型的「完美丈夫購物中心」開業了，在這裡女人可以從許多男人中挑選出完美丈夫。完美丈夫展示在五個樓層，每上一層樓，男人的優點就更多。唯一的規則就是，如果妳打開了任何一個樓層的門，妳就得從那一個樓層挑選出一個男人。如果妳上了一層樓，妳就不能再返回，除非妳離開該店。於是，兩三個適婚年齡的女孩到該店去尋找可以終身相許的男人。

一樓的指示牌上寫著：「這些男人有著高收入的工作和溫柔體貼的個性。」這幾個女人讀著牌子說：「嘿，真是太棒了……」但是，她們又想知道再上一層樓是什麼樣的男人。

二樓的指示牌上寫著：「這些男人有著高收入的工作、溫柔體貼的個性和非常俊帥的

外表。」「嗯。」女孩子們說：「還想知道再上一層樓是什麼樣子呢？」

三樓的指示牌上寫著：「這些男人有著高收入的工作、溫柔體貼的個性和非常俊帥的外表，而且還會做家務。」「哇！」女孩子們說：「真是太誘人了……但是再上一層樓肯定有更好的！」

四樓的指示牌上寫著：「這些男人有著高收入的工作、溫柔體貼的個性和非常俊帥的外表，而且還會做家務、床上功夫極棒。」「噢，天哪！想想看樓上又有什麼出人意料之外的人等著我們呢！？」女孩子們說。

於是，她們來到了第五層。

五樓的指示牌上寫著：「本層用以證明女人是永遠得不到滿足的。」

♥尺有所短，寸有所長，金無足赤，人無完人，現實生活中是找不到至善至真的人的。重要的是在擇偶過程中，要丟掉羅曼蒂克式的幻想，追求真實的生活。首先要看對方的優點，萬萬不能求全責備。

POINT

換一個也許比身邊這一個更合適

人不可滅絕愛情，也不可迷戀愛情。——（美）富蘭克林

從前有一位待嫁的女孩，想給自己找個如意郎君。這本來合情合理，但是這位女孩的標準實在是太挑剔了。她要求夫君年輕、聰明、帥氣，此外還得無條件地愛她，絕不能妒忌。可是到哪裡去找這樣十全十美的人呢？

說來也奇怪，這女孩確實有福氣，顯貴的求婚者趨之若鶩，女孩的家門庭若市。但是這女孩實在太挑剔，別的女孩求之不得的男人，她卻嗤之以鼻，這人沒有家產，那人官階太低，要不就是鼻子太大，或是眉毛太細。挑來選去，沒有一個中她的意。

一晃兩年過去了，求婚者來得少了。又另一批人又來求婚，只是求婚者的種種條件已經低了一級。

女孩說：「他們真是枉費心機，多麼粗俗啊！想和我結婚，簡直是異想天開。連過去被我拒絕的求婚者他們都比不上，別以為我迫不及待地要嫁人，其實我的日子過得也很愜意。我白天玩得快活，夜裡睡得安穩。」

這批求婚者也被拒絕了。從此登門提親的人越來越少，女孩的門前冷落，車馬稀少。年復一年，來提親的人終於絕跡。而女孩的青春年華已非從前。

她百般無聊的細數過去的閨中密友，但她們不是出嫁就是已定親了，唯獨她一人被遺忘在閨中。女孩照照鏡子，不禁傷感，時間一天天地奪取了她的美貌，過去她周圍的崇拜者數不勝數，聚會沒有她便沒有樂趣，而現在，只有鄰居太太們拉她去打牌。

高傲的美人已沒了傲氣，理智催促她趕快嫁人，再也不要挑剔。恰好有個人向她提親，她立即允諾，並為此感到高興，儘管新郎有點殘疾。

♥奇怪的是，許多擇偶條件相當優越的人，往往是終生品嘗愛情苦果的人。戀愛時，男女雙方或許有這樣的心理：換一個也許比身邊這個更合適。其實，對另一個妳並不瞭解。真正相處時，也許還沒有身邊那個可愛。百般挑剔、吹毛求疵的戀愛態度，會使妳失去很多很好的機會。

POINT

為了結婚而結婚

愛並不是誰為誰犧牲，誰為誰做什麼，一旦愛變成這樣，這就不是愛。——梅爾勒・塞恩

小楊是她生命中的最愛。在第一眼看到小楊時，阿敏就明白，她再也逃脫不了他的魅力了。「那是他的眼睛，我感覺到它在對我傾訴著什麼。」第一次的戀愛是甜蜜的，然而，甜蜜很快地轉變為戰爭和地獄，最終，小楊要求分手。

「我明白，分手是遲早的事情，我們的那種狀況不能持續下去。」阿敏無可奈何地接受了這個現實。不久之後，她遇到了小田，一個永遠會在她身邊，對於她而言小田卻是個可有可無的男人。

「我知道這不公平，可是，小田從來沒有像小楊那樣點燃過我激情的火花。」可是，阿敏卻時常回憶起和小楊一起度過的那段刻骨銘心、愛與淚交織的日子。

到現在，阿敏已經和小田交往了兩年了，雖然她從來不曾愛過他。小田一次一次地向阿敏求婚，但阿敏卻一直處於矛盾之中：她不愛他，她希望能嫁給自己能託付身心的人；可是，小田誠實可靠，而且又深深愛著她，難道她還能找到比他更好的丈夫人選嗎？找一個深愛著她而她卻不在乎的人來告別單身，是不是明智之舉呢？阿敏沒有了主見。

她的媽媽建議她，除非她真正地忘記了小楊，否則，她不應該接受小田。因為在以後的婚姻中，她會懷念和小楊共同度過的美好時光，甚至會因為小田不是小楊而冷淡他，最終，他們的婚姻很可能會因此而失敗。

♥在一段激情之後，也經歷了感情生活的狂風巨浪，女人們都傾向於尋求平靜，而在擁有安定工作及細心體貼的男人那裡，往往以為可以獲得新的安全寧靜的生活。問題在於，在妳的內心深處，擁有這樣標準老公條件的男人並沒有什麼特別的位置，和他在一起，妳沒有激情，也不會感覺到真正的幸福，所以，一定要慎重一些。

POINT

如何掌握婚姻

愛情的視覺不是眼睛，而是心靈。——（美）富蘭克林

一個即將出嫁的女孩，問了向她的母親一個問題：「媽媽，婚後我如何緊握婚姻呢？」

「傻孩子，婚姻怎麼能緊握呢？」母親慈愛的笑著回答。

「那婚姻為什麼不能緊握呢？」女孩疑惑地追問。

母親聽了女兒的問話，溫柔地笑了笑，然後慢慢地蹲下，從地上捧起一捧沙子，拿到女兒的面前。女孩發現那捧沙子在母親的手裡，圓圓滿滿的，沒有一點流失，沒有一點撒落。接著母親用力將雙手握緊，沙子立刻從母親的指縫間滲漏下來。等母親再把手張開時，原來的那捧沙子早已變型，其團團圓圓的形狀，也因沙子流失殆盡，而毫無美感可言。

女孩望著母親手中的沙子，領悟地點點頭。

其實，那位母親是要告訴她的女兒：婚姻無須刻意去緊握，越是想抓牢自己的婚姻，反而越容易失去自我，失去彼此之間應該保持的寬容和諒解，婚姻也會因此而變成毫無美感的形式。

♥每個人都希望自己永遠擁有幸福美滿的婚姻，那麼不妨學著用一捧沙的情懷來對待婚姻，好好珍惜，好好捧握，婚姻必定圓圓滿滿。

POINT

飢不擇食

因愛而受苦，那就愛得更多一點吧，為愛而死，便是為愛而生。——（法）雨果

莉莉父母早逝，孤獨的她從小就立志把自己「賣」給書本。當她攻讀完博士學位時，不知不覺地竟是近三十的「老女孩」了。這時她才突然慌了起來：儘管在學識上已經卓有成就，但終身大事卻至今仍無著落。周圍能看得上的適齡男性都有了自己的家室，剩下來的不是一事無成的單身漢，就是跟她喊「莉姐」的小弟弟，這該如何是好？

歲月不饒人，都怪自己年輕時要求太高，現在該輪到自己著急了。沒辦法，只好找個還可以的男人嫁了算了——莉莉萬般無奈，開始「尋找」了起來。

可以想見，一個女博士把婚姻大事的條件定在「還可以的男人」標準上，深怕自己推銷不出去？於是，她閃電式地和一個已離過婚的教授結了婚。

結婚以後，莉莉才清楚的覺悟到自己分明是白讀二十多年的書了，連他和前妻離異的原因都沒弄清楚，就草率地答應和他結婚。

沒錯，他是個男人，但卻是個性無能的男人！

這對莉莉來說簡直是天大的打擊，蒙了冤還不敢往外說出去，怕丟人！

莉莉現在很矛盾：只做有名無實的夫妻，這算什麼生活？離開他，這豈不更丟人？

萬般無奈，莉莉只好終日以淚洗面。

♥在結婚的基本前提下應是相互瞭解。在任何時候，找對象都不能「飢不擇食」、「慌不擇路」。否則，不但解決不了任何問題，還可能會毀掉妳終身的幸福。

POINT

不要把性當作遊戲

最熱烈的戀愛，會有最冷漠的結局。——（古希臘）蘇格拉底

葛莉曾經是一個叛逆的女孩，她是聖瓊斯州立大學的學生。她在進大學時，就抱著品嚐「墮落生活」的心理準備。她自己這樣回憶道：「那時，我準備好了我的文具、書本及大量的避孕藥，我憧憬著在無拘無束、無罪惡感的性愛旅程遨遊歡暢一番。但說實在的，我現在認為這完全是替墮落找藉口的謊言，由一群失望但不敢說出真相的學生編出來的謊言。可是話又說回來，妳怎麼能在迫不及待要衝出去，打破一切禮教約束之後，承認這一切都是騙人的？」

葛莉毫不猶豫在她進大學之後，一定要和人發生性關係。

第一次與尋歡作樂的男人在一起時，她心裡稍有遲疑：我該馬上離開呢？還是在這兒

過夜？早上醒來該和他說些什麼？借用他的浴袍是否得體？我下賤嗎？他也很賤。這是否意味著我們已開始了某種永恆的關係？

但是，她的心裡並沒有充滿罪惡感。初次的體驗對她而言一點也稱不上美好。那次的關係毫無感情可言，糟糕的是，她很快就發覺，這種冷漠、遙遠的關係，成為後來更多次類似經驗的共同點。

這種冷漠令她覺得錯愕和迷惘。她開始詢問她身邊週遭的男士，為什麼這種疏遠、冷漠會存在於肉體親近的異性男女之間？他們對性的看法怎樣？得到的答案都差不多：性是「好玩的遊戲」……「自然的慾望」……「成人的需要及娛樂」。

她決定做回自己以前那個活潑但單純的生活方式。她指出：除非男女之間有真正的愛與信任，否則性根本一點兒好處都沒有。

♥**沒有愛，根本不值得妳去惹那些麻煩。在感情基礎穩定，雙方有著美好未來計劃時，性才是完美的。當性被濫用時，只會留下無限的遺憾，甚至帶來不可收拾的嚴重後果。**

POINT

別把感情浪費在不適合的人身上

治療戀愛的藥多得是，但是卻沒有一針見效的藥。——（法）羅休夫柯

小萍是一家大醫院的護士，她長像清秀又文靜，也十分善解人意；只是她的個性內向，再加上她單純的工作環境，使她一直沒有機會交到適合的男朋友。

在小萍三十五、六歲時，她的朋友就勸她，一定要擴大自己的生活圈、要多參加一些社團活動，才有機會認識適合自己的男性。後來，小萍參加了當地的社交舞社團，也認真、熱心地擔任團長。

可是，小萍熱心投入社交舞之後，竟然在不知不覺中喜歡上教舞的男老師。那男老師身材很棒，舞技更是一流，一轉身、一抬腿，或摟著小萍的腰、牽著手，隨著韻律旋轉，都讓小萍如癡如醉，尤其老師滿臉、滿身的汗，流在厚實的胸膛上時，更使小萍覺得好想、好

想和他緊緊地擁抱！

就這樣，小萍每次練舞，都準時到，絕不缺席，而上完課，老師也陪著她一起去吃消夜，並送她回家。慢慢地，小萍竟然愛上了舞蹈男老師，她終日想著男老師，想要貼在他的胸膛，想要浪漫地和老師全身貼緊跳舞，更想要和老師有更親密的肌膚之親……

愛讓人瘋狂！小萍雖然知道，老師已經結婚，可是，她對老師的愛慕愈陷愈深，已到無法自拔的瘋狂狀態！她情不自禁地在汽車旅館裡，脫下衣裳和長裙，和男老師熱情地擁吻在了一起……

在多次的激情過後，小萍懷孕了。然而，男老師說：「妳要自己去解決、去墮胎，我沒時間，也不方便，因為我太太已經開始懷疑我了，她已經在監視我的行蹤，所以，妳要自己去拿掉孩子！」

「妳這男人怎麼這樣不負責任？我懷孕了，妳居然不管我，叫我自己去墮胎、去拿掉孩子？妳有沒有人性啊？」

可是，男老師硬是不出面，就是撒手不管。小萍只好自己去找了一家婦產科醫院，自己去墮胎、自己回家休養。

從此以後，小萍就經常打電話到男老師家騷擾，故意接通後不出聲、不說話；有時，也在男老師家門口等他、堵他，要他多陪陪她。

其實，男老師也蠻喜歡小萍的，只是他想腳踏兩條船，他被太太緊盯住，卻也放心不下小萍，他自認不是負心人，也不是狠心的「狼人」，他只是玩火自焚、陷入兩難的感情困境。

後來，小萍不再參加社交舞班了，可是，她仍然是老師的「情婦」，她天天期待老師抽空來和她「幽會」。

有一天，小萍在醫院上班時，老師的太太突然跑到她工作的護理站，破口大罵：「妳這個死不要臉的女人，居然敢勾引別人的老公！妳想男人想瘋了是不是……」

老師的太太在護理站這麼一鬧，全醫院的醫生、護士都知道了：「天啊！原來小萍不是外表那樣的乖巧、文靜，她竟然和有婦之夫的男人搞在一起、偷人家的老公！」

「我覺得自己好悲哀哦！為什麼我的感情這麼不順、這麼累、這麼痛苦！」小萍一個人偷偷哭了好久……可是，她就是無法痛下決心，離開那個男人。

♥為什麼一個女人，要把自己快樂的鑰匙，交給一個已婚的男人？為什麼要讓男人，來主宰自己的快樂與幸福呢？明知面對的是「錯誤的感情」，就要勇敢地拋開、放下，才會有充滿陽光、快樂的新生命啊！

POINT

小三悲劇

情人的希望彷彿是童話中的一顆豆子，只要才一生根，就飛快地生長。——（英）斯科特斯

小華是廣告公司的重要業務幹部，聰明能幹，有一個幸福美滿的家庭，丈夫細心體貼，孩子活潑可愛。在外人看來，她是一個幸福的女人。

如果不是因為一筆廣告業務的關係，小華不會與自己那個高中男同學有任何交集，也許，現在還過著幸福快樂的日子。小華有一次去找一家頗具知名度的房地產開發公司做一筆廣告，沒想到，這家公司的老總居然是自己過去的同窗。

自然而然做成了生意，自然而然有了交往。她和他在一起喝茶敘舊，淺酌慢飲之間，一股濃濃的同窗情誼在兩人之間彌漫開來。小華好喜歡這種感覺，與他的相會，成了小華緊張生活中的一種美麗的期待。

他們之間無話不談，彼此信賴。小華有了煩惱，他總是她的第一個聽眾，他會逗她開心，開導她、勸慰她，寵著她，呵護著她。而他呢？人前不輕易訴說的事業上的困境，會講給她聽，人前——甚至當著妻子的面都不會流的眼淚，會在她面前流，他們在心靈上相互依偎著、溫暖著對方，默默關注著對方。

慢慢地，小華感覺到他們之間的關係，開始多了一些戀人似的渴盼、思念，由淡淡的一縷變得越來越濃郁。小華開始感到惶惑，她多麼希望一直維護著這段玻璃般透明的美麗情感。她將自己視為他的紅顏知己，只有精神上的相依，只有娓娓的清淡。但是，玻璃是易碎的，稍不注意，就會佈滿裂紋，再也無法恢復原狀。

她被濃郁的激情牽引著，一步一步地陷入，她感受著他輕撫她手時那動人的顫慄，感受著他輕吻她唇時焚身的激情。理智告訴她，如果不想犯錯，就得及時抽身退出；但是，她捨不得那份纏綿。

結果，醉戀般的感情，使情人之間該發生的一切都發生了。這時，小華才猛然覺醒，她早已越過了異性知己間應有的界線。也許，從與他第一次握手時開始，她就不再是紅顏知己而是親密情人了。她知道他們之間最美好的東西遭到了破壞，她的心在痛惜與對丈夫的愧疚感之間煎熬。最糟的是，他的妻子在查看他的電子郵件時，發現了她寫給他的一封措辭極其親暱的信，於是在家裡上演了一齣一哭二鬧三上吊的鬧劇，他被搞得身心俱疲，自然撇下了那份與她交往的心。他們再次形同陌路。

情人關係是脆弱的，儘管也有愛的成分，但起因卻很漂浮。因失意，因激情，因渴望，當然也因愛，都可能激盪齣情人關係，而一旦上述這些前提喪失，情人關係的基礎也就動搖了。

♥當然分手的情人並非都是朝三暮四之人，只是他們無法左右社會輿論，不能左右自己內心道德煎熬罷了。脆弱的情人關係，最終不都是以悲劇來做收場，中外都是如此。

POINT

沒有婚姻的愛情

愛情的領域非常狹小，它只能容納兩個人存在，如果妳同時愛上了幾個人，那只是感情上的遊戲，不能算是真正的愛情。——（德）席勒

小娜是在工作時認識他的，他們開始交往的時候，她已經知道他有老婆，也有孩子。他的妻子很賢淑、年輕，也並不醜。小娜想：「最愚蠢的就是這種自以為生活在幸福美滿中的小女人，她們對既得的幸福感到滿足，看著可愛的小孩子，臉上就洋溢著幸福燦爛的笑容。

當她像小鳥一樣依偎著丈夫的時候，她沒有想到丈夫的溫暖的手也曾如此撫過別的女人的嬌嫩臉蛋，而且用一種她已經許久不曾見過的柔情眼神。而那柔情的眼神現在正凝聚我的身上……」

他幾次表示說要與他妻子離婚，與小娜結婚。但是小娜拒絕了。她雖然不是什麼好女人，但實在不願意讓那個沉浸在幸福假相的女人失去家庭。他問小娜：「為什麼不嫁給我？我會像現在一樣愛妳，甚至比現在更加愛妳。像妳這樣一個美麗的女人，一不小心，就會給別人搶走，我老是覺得不安全。」小娜啞然失笑，他居然會說出這麼可愛的話！但是，她搖搖頭說：「我喜歡現在這樣子。」

她愛他，但她不願佔有他，因為到了那時候，他或許也會成為一個背叛自己感情的人。

每逢節日，他們都不會一起度過，他要回自己的家，小娜也要回父母的家。他們之間沒有情人節，沒有中秋節，沒有耶誕節，什麼都沒有。

小娜不覺得愛一個人，就是要時時刻刻跟他黏在一起，他們的感情受不了，她也受不了。小娜是一個酷愛自由的人，談過戀愛，也與人同居過，但是，她覺得這種不用刻意去經營的感情給了自己很大的空間，他們無需為對方負責，她做自己喜歡的事，不用向他報備，但他會給她很好的建議。

小娜覺得這樣很滿足，很快樂……

要想把情人緊握在手中，手中沒有家庭這張牌，最終將會破滅。如果不愛他，最好及早分手；如果愛她，還是結婚吧！沒有婚姻的愛情是不牢固的。

小琳的第一次出軌緣於男友的背叛，那時她才上大一。一個深夜，剛剛遭受失戀打擊的小琳獨自在酒吧裡買醉，偶遇大她十五歲的小陳。

凌晨一點，兩人開著車在大馬路上繞了又繞，最終繞進附近一家汽車旅館。「因為心情不好，又喝了酒，我當時只想發洩情緒一下，連他叫什麼名字都沒問。本以為第二天之後大家就互不相識了，哪知我的生活卻因此而改變。」

一個月後，已將此事淡忘的小琳突然接到小陳喝咖啡的邀請，出於無聊，小琳赴約了。閒聊中，小琳得知，小陳是某企業的部門主管。「他成熟的男人氣質吸引了我，還對我體貼入微，我前男友從未對我如此好過。」當晚，小琳再次和小陳住進汽車旅館。「汽車旅館約會」持續兩個月後，小陳便在學校附近租了間套房，兩人同居。不久，小陳乾脆幫她買了一房一廳的大套房。小陳每月還按時給小琳二萬元零用錢，她從此放棄了家教工作。

半年後，小琳無意中發現這個男人竟有老婆，還有個六歲大的女兒，小陳也老實告訴她不會和自己的老婆離婚。「我第一個反應是離開他，這時我才發覺自己早已習慣了敗金生活，又想到我為他墮過兩次胎，錯就錯到底了，從此甘心成為他的情婦。」

紙終究包不住火，小琳和有婦之夫同居的事很快在學校中流傳開。平日和她關係親密的同學對她規勸無效後，逐漸疏遠她。

「她像突然變了個人，都不知道她是怎麼想的。」過去的室友這樣評論她。

這三年裡，小琳常常想回頭，但已無法自拔。「三年了，感情上離不開他，離開他我也養不活自己。關鍵是我都這樣了，誰還要我，只有跟他了。可是……」小琳時常默默地流淚，她知道，自己必將自食惡果。

做為「第三者」既破壞了別人幸福美滿的婚姻，自己的人生也將陷入黑暗。做人還是堂堂正正、自食其力的好。

POINT

忘記別人對妳的傷害

如果一個男人為了一個女人的美貌而愛她，那他不是真愛她，因為天花可以損壞她的容貌而不致毀掉她的生命，所以天花能使他的愛情終止。

如果有人因為我的判斷力與記憶力而愛我，那她也不是真愛我，因為我可以失去這些東西而仍然生存。——（法）巴斯德

有兩隻老鼠是牠們的好朋友，牠們的名字分叫別做木木和豆豆。冬天來臨時，牠們吃光了所有的奶酪後，便決定去更遠的地方尋找。

一天，木木和豆豆在翻過一座大山時，木木不幸失足，在牠滑向懸崖邊的一瞬間，豆豆不顧自身安危，拼命地拉住了木木，木木於是在附近的一塊大石頭上刻下：某年某月某

日，豆豆救了木木一命。

兩個好朋友繼續前行，一個月後，它們來到一處結冰的河邊，兩隻老鼠為踏冰而過還是循橋而過爭吵起來，一氣之下，豆豆踢了木木一腳，木木跑到冰面上刻下：某年某月某日，豆豆踢了木木一腳。

有個過路的行人看見了，好奇地問木木：「你為什麼把豆豆救你的事刻在石頭上，而把牠踢了你的事刻在冰上？」

木木說：「豆豆救了我，我永遠都感激牠；至於牠踢我的事，我會隨著冰上字跡的溶化而忘得一乾二淨。」

♥ 豁達寬容的女人，總是以積極樂觀的態度去看待人和事。她們會用心記住別人對自己的恩惠，卻努力忘記別人對自己的傷害，因此，她們的生活顯得灑脫輕鬆、自由愜意。

POINT

得到的姻緣

愛情，妳的話是我的食糧，妳的氣息是我的醇酒。——（德）歌德

一九九四年五月的一天清晨，睡夢正甜的苑裡農家婦女王春英被人叫醒，她的丈夫早晨起來去鎮上賣菜時，被一個開夜車的司機不小心撞死了。王春英瘋了一般的跑向出事地點，見丈夫已死在血泊中，旁邊肇事的司機也受了重傷，正被村裡趕來的人們拖出來痛打。雖然在這震憾的悲傷中，王春英還是將撞死丈夫的司機從村人手上救出來，又攔了一輛計程車，將肇禍司機送到了醫院。在醫院裡，肇禍司機身上沒有錢，王春英告訴醫生醫藥費由她來出。醫院血庫裡的O型血沒有了，而肇禍司機急需輸血，王春英毫不猶豫地捲起了袖子將自己O型的血捐給他。

一個普通農村婦女用她最善良最寬容的心救活了肇事司機劉岡，並且表示不要他的賠

償。她說：「最值錢的是情，最不值錢的也是情，人死了，再鬧也沒用。」王春英的寬容深深感動了劉岡。從此之後，只要王春英家有困難，劉岡總是第一個趕來幫忙。王春英的婆婆罹患癌症，劉岡和王春英不分晝夜輪流地照顧；王春英家農忙時，劉岡搶著幫忙種幫忙收。

一九九六年，王春英罹患了病毒性腎炎，全身浮腫，不能行走，住進了醫院。又是劉岡，送菜送飯，擦屎擦尿，耐心地照顧著病床上的春英。日子久了，兩個善良的人之間有了感情，劉岡終於對春英說：「姐姐，我要娶妳……」春英沒有同意。劉岡家裡也堅決不同意。可是劉岡的愛情和決心都沒有動搖，他承受來自各方的壓力，向春英表示他的愛情。同時為了表示決心，他拒絕了家人為他安排的每一樁親事。

劉岡終於感動了春英。他們決定，等春英的丈夫去世滿三年後，他們就在他的墓地前舉行婚禮。看著這個故事，我們不禁要想：如果王春英當時沒有寬恕劉岡；那麼，在婆婆生病去世、自己病倒在床的日子裡，她將是怎樣的一副慘狀呢？

♥不懂得寬容將使一對對恩愛夫妻反目成仇，不懂得寬容將使許多幸福的家庭變成支離破碎。而寬容呢？寬容能使人得到重生，使家庭的慘劇轉變成幸福的結局。

POINT

是嫉妒

沒有偽裝能夠隱藏住愛情，無情也不可能長久裝作有情。——（法）羅休夫柯

幾年前，北京市海澱區法院曾經判過這樣的一個案子。某知名大學心理學系的一位女研究生，將同宿舍的一個同學告上了法院。原告與被告以前關係不錯，堪稱該系的一對姊妹花，兩人的成績不相上下，因此彼此又在暗中較勁。到第三年的時候，兩人都參加了託福和GRE考試。原告成績較理想，遂向美國一所著名大學提出申請，不久被告亦得知到該校就讀每年可獲得近二萬美元的獎學金。原告高興萬分，等著對方的正式錄取通知。被告考砸了，看到原告整天興高采烈的模樣，心中更加不爽。她越想越有氣，就生一條毒計。原告左等右等，遲遲不見正式通知的來臨，就托在美國的同學去該校打聽，校方說曾經收到她發來的一份E-mail表示拒絕就讀該校，因此校方只好將名額轉給別人。原告聞此消息，如五雷轟

頂，左思右想這到底是怎麼回事。後來，她多方調查，才發現是被告以她的名義，利用心理系的電腦發了一封拒絕函。原告懷著憤怒的心情，將此事訴諸法庭。

是什麼害了上述案件中的兩個少女？是嫉妒！

克服消極嫉妒心理較好辦法是：喚醒妳的積極嫉妒心理，勇敢地向對手挑戰競爭。積極的超越嫉妒心理，必然會產生自愛、不斷的自我磨鍊、和公平競爭的行動和意識。當妳發現妳正隱隱地嫉妒一個在各方面比自己能幹的同事時，妳不妨反問幾個為什麼和結果如何？在妳得到明確的結論之後，妳會大受啟示。

♥與其對他人空懷嫉妒，不如努力使自己更優秀。要超越他人，就必須下定決心，在學習或工作上努力，以求得事業上的成功。妳不妨借嫉妒心理的強烈超越意識去奮發努力，昇華這股嫉妒之情，以此建立強大的自我意識及增強競爭的自信心。

POINT

別兩敗俱傷

愛情若不是產生於社會共同信念與事業志趣的基礎上、那是浮萍的愛，極易隨風而去；只憑感情行動所造成的愛。有如建築在泥沙上面的塔，總不免要倒塌下來的。——（德）歌德

在美國堪薩斯州有一名女子與男友因故發生衝突，兩人在公寓裡大吵一架。衝突過後，男友想重修舊好，就溫柔地親吻女友，畢竟吵架歸吵架，兩人還是有感情的；可是這名女子怒氣未消、氣瘋了，不願意那麼快就和好，所以當男友親吻她時，就狠狠地、用力地把男友的舌頭咬下了一大塊！

您知道嗎？男友的舌頭被咬得掉了下來，男友痛得哇哇大叫，滿嘴鮮血，急著在地上找舌頭！而在巨痛之中，男友憤怒地將女友踹倒在地，並毆打她。

當警方接獲報案趕到現場時，火速地將男子和撿起的舌頭，一起送往醫院救治。不

過，舌頭被女友咬斷，即使能「接回去」，恐怕以後說話也不會像以前那麼靈光，可能再吵架時，也不能吵得像以前那麼「流利」了。

後來，警方將這對情侶一起逮捕，男的被控犯下「家庭暴力罪」，女的則被控犯下「嚴重傷害罪」。

男人、女人，真是奇怪的動物。相愛的時候，愛得如膠似漆、難分難捨；恨的時候，卻反目成仇，恨得牙癢癢的。何必要這樣呢？由愛生恨，真是兩敗俱傷、得不償失啊！

POINT

要懂得拒絕

一個有理智的人戀愛時，可能像一個狂人，但他絕不會像一個傻子。——（法）羅休夫柯

珍妮上大學二年級時，與男友約翰相識並很快熱戀起來。但一年後，珍妮又與另一位男生布魯斯產生了戀情。這樣，珍妮必須在兩個男孩子之間做出選擇，她選擇了布魯斯。但怎樣與約翰分手道別呢？珍妮一時拿不定主意，她找到了柯維博士。

起初，珍妮談話的焦點是擔心約翰不甘這樣在愛情的戰場上被淘汰出局，因而會來報復她甚至還有布魯斯。但經過深入討論約翰的性格特點，她和柯維博士排除了這種可能。因為約翰是個性格溫和的人，而且他對珍妮從來沒有很強的佔有表現。接著，珍妮又提出與約翰感情漸漸地冷卻下去，讓約翰自己感受到珍妮對他已沒有興趣。但經過討論，珍妮意識到，那樣做勢必會影響她與布魯斯戀情的發展。說到底，珍妮不願背著一個沈重的心理包袱

去喜歡布魯斯，她想全心全意地投入另一場戀情。

珍妮繼而提出給約翰寫封信，告訴他自己已另有心上人了，現在要結束與他之間的戀人關係，並希望他尊重這個決定。但經過討論，珍妮感到這種做法對約翰不夠尊重，也對不起他們以前共同擁有的一段美好時光。

這時，柯維博士問珍妮：「妳為什麼不當面與約翰說明自己對這段感情變化的感受，這比我們前面討論過的任何一種做法都直接、坦誠。」

「我也曾考慮過這個做法，但我真有些說不出口。」珍妮回答。

「有什麼說不出口的呢？」柯維博士再問。

「那會使約翰心裡很難受，畢竟我們曾相愛過，畢竟他現在還愛著我。我這樣說會刺傷他的自尊心的。」珍妮說。

「那妳有沒有想過，妳對約翰拐彎抹角地說「不」字，同樣也會刺傷他的自尊心？」柯維博士開導著珍妮。

「為什麼？」珍妮問。

「因為一個人要是真正尊重另一個人，他會對他坦誠的，妳說是不是？」柯維博士說。

珍妮想了想問：「我該怎樣說才不會刺傷約翰的自尊心？」

「真誠最重要。」柯維博士說。為了幫助珍妮更好地把握這個「誠」字，他們做了不同的角色扮演練習，以深刻體會怎樣把握「真誠」。

珍妮後來打電話告訴柯維博士，她與約翰攤牌出奇地順利。約翰不僅很有紳士風度地接受了珍妮與他分手的事實，而且還感謝珍妮給了他一段美好時光及對他的尊重。柯維博士問珍妮怎樣看待他們倆這次談話的結果？她說：「我想，是我對他的誠懇態度，使他表現得像個紳士。」

♥在生活中有很多時候，妳拒絕別人是不可避免的。只要妳懷著一顆誠懇的態度真誠待人，一定能得到對方的諒解。

POINT

別怕遇到製造麻煩的人

只有在愛情之中才有真實。——（德）海涅

有一位善良、聰明，而且很能幹的婦女，跑來向心理諮詢顧問史華茲博士請教工作方面的問題。幾個月前，史華茲幫她找到一份廣告方面的工作，而這正是她三十五歲以後第一次領到薪水，於是她把史華茲當成「職業顧問」，向他請教。

「史華茲博士，我不知道該怎麼做才好。」她開始說，「我害怕將失去工作。」她哭了起來。史華茲博士只好安慰她，並請她解釋一下。

「我是知道的，」她繼續說，「我跟另外兩個婦女一起工作，這兩個人都比我年輕得多。坦白說，史華茲博士，她們很想讓我做不下去，把我給攆走。我們三人都是為同一老闆工作，但是她們都極盡一切能事來打擊我，使我做不下去。妳說，我該做些什麼才好呢？」

史華茲想了一會兒，然後答道：「誠實地說，妳是不是相信自己正在做一項很好的工作？」對於這個問題，她的反應頗為積極：「是的，我已經把我的工作做得很好。我的工作很好，一點兒問題也沒有。」

然後史華茲又問她：「妳是否認為妳的老闆很愚蠢呢？」這個問題不但使她不知所措，而且也使她得到一點兒安慰。她含笑承認，他似乎是一位很聰明的人，而且很公正，很明理。

「那麼，」史華茲回答說，「妳一點也不用顧慮。只要繼續表現妳最好的工作能力就行了。」「但是假設我被辭退了呢？」她再次提起。

「這麼說吧！」史華茲回答道，「如果妳的工作真的做得很好，而那些卑鄙齷齪的小人竟能使老闆深信妳應該離職，那麼，妳再為他工作就表示妳是一個愚蠢的人了。」

♥當別人想要使妳感到難堪或攻擊妳時，妳必須先集中精力做好自己的工作，並且保持禮貌與和善的態度，然後不理會他們卑鄙齷齪的攻擊性舉動。只要能做到這些，就不會失敗。

POINT

別像失了溫度的溫泉

愛侶們永遠看不見他們自己所做的傻事，因為愛情是盲目的。——（英）莎士比亞

一個外表美麗的美女，若只注重花錢打扮自己，卻無內涵、沒有才德，就像是「失了溫度的溫泉」，不熱了、不燙了，還有誰願意到這樣的池子裡浸泡呢？

小琳在師大讀書時，班上大部分都是女生，所以常會有台大、交大、政大的男生，來找她們班的女生出去跳舞聯誼或郊遊烤肉。當時，她們班上有個女生，身高只有一百四十五公分，體重五十五公斤，圓滾滾的，臉上有一顆痣，又戴著近視眼鏡，大家都親切地叫她「大媽」。那時，小琳她們這群漂亮女生都有男生追，經常出去約會，唯獨「大媽」，沒有男生願意追她或邀她出去玩。不過，她卻依然性格開朗，她總是豪爽地說：「像我這麼有才華的女生，才不隨便亂嫁，我將來一定要嫁給交大學理工的電機工程師，而且，身高一定要

在一百七十五公分以上，才能改良我的矮小品種。」

每當「大媽」笑嘻嘻地在「高談闊論」、大談自己的「遠大志向」時，同寢室的女生就嗤之以鼻、暗自地笑她：「呵，『大媽』也不去照照鏡子，看看自己的模樣……」當然，「大媽」也知道別人在取笑她，不過她仍然樂觀、笑眯眯地說：「妳們不要笑我，我告訴妳們，只要我覺得能，我就一定能！」

後來，交大的男生又來邀她們出去郊遊，只見「大媽」大聲地說：「買肉、醃肉、買烤肉架、買飲料、買木炭……這些打雜的事，都由我來包辦就好了，妳們就不用操心！」

郊遊當天，其他「自認美女」的女生，只顧把自己打扮得漂漂亮亮的、美美的，什麼事都沒做；而「大媽」呢！卻搬著木炭、醃肉、飲料，汗流浹背地在營地裡生火、烤肉，並將烤好的肉分送給大家吃。那天，交大電機系的帥哥班代，身高一百七十六公分，剛剛失戀、心情極度鬱悶；可是，「大媽」這個人很善解人意，她不斷地安慰他、陪伴他、逗他笑，也讓那帥哥吃得飽飽的、吃得很舒服。

畢業後不久，他們竟然結婚了！在「大媽」結婚當天，班上一位暗戀帥哥新郎的女生，忍不住地問新郎：「喂，帥哥，我們班上美女那麼多，妳為什麼偏偏要選擇『大媽』？

妳說，妳到底看上她哪一點？」

新郎想了一下說：「說真的，『大媽』並不漂亮，可是我娶了她，我就很放心，因為她溫柔細心、樂觀開朗；不像我以前的女朋友，是美女、很漂亮，可是每天卻愛耍脾氣、要我伺候她！我如果娶了她，每天都要擔心哪一天會惹惱她、失去她？可是，『大媽』把我當成寶，我一輩子都是『大媽』心中最珍貴的寶，我當然選擇她呀！」

二十多年過去了，以前小琳她們這些被別人捧在手上、大談戀愛的美女，結了婚，卻又一一離婚了；而「大媽」呢？卻仍和她的白馬王子、交大老公，兩人如膠似漆、恩恩愛愛，長相廝守。

♥ 年輕漂亮的女孩啊！妳是做個冷若冰霜、要人服侍、愛耍脾氣的「大美女」呢？還是要做一個樂觀、開朗、細心溫柔的淑女呢？性格開朗、常微笑，做事主動、勤快、不抱怨、不生氣的女人，才能夠贏得男人長久的愛戀。

POINT

成為有魅力的女人

忠誠的愛情充溢在我的心裡，我無法估計自己享有的財富。——（英）莎士比亞

有一位女士，家境非常富裕，不論其財富、地位、能力、權力，及漂亮的外表，都沒有人能夠比得上。但她卻鬱鬱寡歡，連個談心的人也沒有。於是她就去請教無德禪師，如何才能具有魅力，以贏得別人的喜歡。

無德禪師告訴她道：「妳能隨時隨地和各種人合作，並具有和佛一樣的慈悲胸懷，講些禪話，聽些禪音，做些禪事，用些禪心，那妳就能成為有魅力的人。」

女士聽後，問道：「禪話怎麼講呢？」

無德禪師道：「禪話，就是說歡喜的話，說真實的話，說謙虛的話，說利人的話。」

女士又問道：「禪音怎麼聽呢？」

無德禪師道：「禪音就是化一切音聲為美妙的音聲，把辱罵的音聲轉為慈悲的音聲，把譭謗的音聲轉為幫助的音聲，哭聲鬧聲、粗聲醜聲，妳都能不介意，那就是禪音了。」

女士再問道：「禪事怎麼做呢？」

無德禪師道：「禪事就是佈施的事、慈善的事、服務的事、合乎禮法的事。」

女士更進一步問道：「禪心是什麼心呢？」

無德禪師道：「禪心就是妳我一樣的心、聖凡平等的心、包容一切的心、普度眾生的心。」

女士聽後，一改從前的驕氣，在人前不再誇耀自己的財富，不再自恃自我的美麗，對人總謙恭有禮，對眷屬尤能體恤關懷，不久就被稱為「最具魅力的女人」了！

♥ **一言一行都尊重別人，替別人考量，給別人帶來方便的女人，就是最受歡迎的女人，最有魅力的女人。**

POINT

一生的幸福所在

既然愛情必須永遠受折磨似乎是命運的一條定律，那麼讓我們學習忍耐吧，因為折磨正和意念、迷夢、歎息、希望和哭泣一樣，都是可憐的愛情缺少不了的隨從者。——（英）莎士比亞

露茜的姑媽有一條很特別的心型金項鍊，她每天總是細心的擦亮它後，把它戴在脖子上。露茜猜想，這裡頭準有藏著什麼超乎尋常的祕密，而墜子裡面又究竟放著什麼？這使露茜感到十分的好奇。

露茜終於讓姑媽同意將心形的那個金墜子讓她看。姑媽把墜子放在展開的手上，用指甲小心翼翼地挑開縫隙，蓋子就迅速彈開了。令人失望的是，裡面只有一根極為平常、結成蝴蝶結狀的女人頭髮。難道裡面放的就是這個嗎？

「是的，就是這個，」姑媽微微地笑著，「就這麼一根頭髮，我身上的一根普普通通

的頭髮，但它卻牽動著我的一生。更確切地說，這一根纖細的頭髮決定了我的婚姻。妳們現在的年輕人也許不理解這點，妳們不把感情當回事，不，更糟糕的是，妳們壓根兒沒想過這麼做。對妳們說來，一切都是那樣隨「性」，來者不拒，受之坦然，合則聚，不合則散。

「我那時十九歲，他不滿二十歲。一天，他邀我上山旅行。我們要單獨在他父親狩獵用的僻靜小木屋裡過夜，我猶豫了好一陣子。為此我還得編織了一篇美麗的謊言讓父母放心，不然他們說什麼也不會同意讓我這麼做的。

「小木屋坐落在山林中間，那兒萬籟俱寂，天地間似乎只剩我跟他。他生了火，在廚房忙個不停，我幫忙煮湯。飯後，我們外出，在暮色中漫步。兩人慢慢地走著，此時無聲勝有聲，強烈的心跳聲替代了言語，還有什麼比現在更浪漫的呢？」

「我們回到木屋。他在小木床上幫我鋪了床棉被，他做起事來非常的細心周到，而他自己在客廳裡打地舖。對我來說我覺得睡在地上實在不太舒服了。」

「我走進房裡，脫衣睡覺。門沒上鎖，鑰匙就插在鎖裡。要不要把門鎖上？這樣，他就會聽見鎖門聲，他肯定知道，我這樣做是什麼意思。我覺得這太幼稚可笑了。難道當真需要暗示他，我是怎麼不相信我們的旅行的嗎？說穿了，如果夜裡他真想做些風流韻事的話，怎麼的鎖或是我怎麼吼都是無濟於事的。對他來說，此事尤為重要，因為它關係我倆的一輩子——命運如何全取決於他。不用我為他操心。

「在這猶豫不決之時，我突發奇想的採用了一種象徵性的鎖方。我踮著腳悄悄地走到門邊，從頭上扯下一根長髮，把它纏在門的把手和鎖上，繞了幾道。只要他一觸動把手，頭髮就會被扯斷。唉！妳們現今的年輕人呀！妳們自以為聰明，聰明絕頂。但妳們真的知道人生的祕密嗎？翌日清晨，我將這根完整無損普普通通的頭髮取了下來，它把我們倆強而有力地連在一起了，它勝過生命中其他任何東西。一等時機成熟，我們就結為良緣。他就是我的丈夫，多烏格拉斯。妳們是認識他的，而且妳們知道，他是我一生的幸福所在。這就是說，一根頭髮雖纖細，但它卻維繫著我整個一生的命運。」

♥ **「卿卿我我難長久。」愛情之所以能天長地久，最重要的就在於彼此在熱戀的時刻，用理智的力量，使他們從甜蜜溫柔的擁抱接吻中解脫出來，能更清醒、更理智地去探索瞭解對方的內心世界，這樣的愛才真實，才能持久。**

POINT

有自信的人

愛人至少要在心靈方面沒有缺欠；如果只是身體的欠缺，那還不失其可愛。——（古希臘）柏拉圖

同學們都有了自己的男朋友，但是，沒有人邀請害羞的女孩瑪莉。

瑪莉沿著街道走著，低著頭，從她的樣子來看，心情很沈重。一塊寫著「最新流行飾品」的招牌擋住了她，招牌後放著一些絲帶，周圍擺著各式各樣的蝴蝶結，牌上寫著：各種顏色應有盡有，挑選適合妳個性的顏色。

瑪莉在那兒站了一會兒，儘管她有勇氣戴，但想到她母親是否允許她戴上那又大又醒目的蝴蝶結而猶豫不決。是的，這些緞帶正是同學們經常戴的那種。

「親愛的，這個對妳再合適不過了。」女售貨員說。

「噢，不，我不能戴那樣的東西。」瑪莉回答道，但同時她卻雙眼直視地盯著一條綠

色緞帶看。

女售貨員讚美地說：「喲，妳有這麼一頭可愛的金髮，又有一雙漂亮的眼睛，孩子，我看妳戴什麼都好！」

也許正是售貨員這幾句話，瑪莉把那個蝴蝶結戴在頭上。

「不，向前一點。」女售貨員提醒道，「親愛的，妳要記住一件事，如果妳戴上任何飾品，就應該像沒有人比妳更適合戴它一樣。在這個世界上，妳應該覺得自己是最美的，把頭抬起來做個有自信的人。」她用專業的眼光看了看那緞帶的位置，贊同地點點頭，「很好，哎呀，妳現在看上去無比地美麗動人。」

「這個我買了。」瑪莉說。她為自己做出決定時的音調而感到驚奇。

「如果妳想要其他在聚會、舞會、正式場合穿著的……」售貨員繼續說著。瑪莉搖搖頭，付款後向店門口衝了出去。速度是那麼快，因而與一位拿著許多包裹的婦女撞了個滿懷，幾乎把她撞倒。

過了一會兒，她嚇得打了個寒顫，因為她感到有人在後邊追她，不會是為那緞帶吧？真是嚇死人了。她向四周看看，聽到那個人在喊她，她嚇得飛也似的快跑，一直跑到另一條街才停下來。

出人意料，瑪莉眼前正是卡森咖啡館，她意識到她一開始就想到這兒來的。

這兒是鎮上每個女孩都知道的地方，因為伯特——大家都喜歡的一個帥哥每個星期六下午都在這兒。

他果然在這兒，坐在賣飲料的吧台旁，倒了一杯咖啡，並不喝掉。「莉妮把他用了，」瑪莉暗想，「她將與其他人去跳舞了。」

瑪莉在另一端坐下來，要了一杯咖啡。很快的她感覺到，伯特轉過身來在望著她。瑪莉筆挺地坐著，昂著頭，意識得到，非常意識得到頭上的那綠色緞帶。

「嗨，瑪莉！」

「喲，是伯特呀！」瑪莉裝出驚訝的樣子說，「你來這裡等誰？」

伯特說，「我等的人正是妳。」

「是真的嗎！」瑪莉說。她為頭上的綠色緞帶而感到信心滿滿。

不一會兒，伯特在她身邊坐下，看起來似乎他剛剛注意到她的存在，問道：「妳的髮型改了還是怎麼的？」

「你通常都是這樣注意嗎？」

「不，我想正是妳昂著頭的樣子。似乎妳認為我應該注意到什麼似的。」

瑪莉感到臉紅起來：「這是有意挖苦吧？」

「也許。」他笑著說，「但是，也許我有點喜歡看到妳那昂著頭的樣子。」

大約過了十分鐘，真令人難以相信，伯特邀她去跳舞。當他們離開卡森咖啡館時，伯特主動要求送她回家。

回到家裡，瑪莉想在鏡子前欣賞一下自己戴著綠色緞帶的樣子，令她驚訝的是，頭上什麼都沒有——後來她才知道，當在店門口撞到那人時，綠色緞帶早被撞掉了……

♥ 許多女人缺少的不是漂亮的臉蛋和曼妙的身材，而是自信的氣質，記住：自信本身就是一種美。

POINT

保有自己的本色

兩顆相愛的心靈自有一種神祕的交流：彼此都吸引了對方最優秀的部分，為的是要用自己的愛把這個部分加以培養，再把得之對方的還給對方。——（法）羅曼．羅蘭

伊笛絲．阿雷德太太從小就特別內向與靦腆，她有著肥大臃腫的身軀，搭上她的臉使她看起來比實際年齡還要大得多。伊笛絲有一個很古板的母親，她認為穿著剪裁合身漂亮的衣服是一件很愚蠢的事情。她總是對伊笛絲說：「寬衣好穿，窄衣易破。」而母親總照這句話來幫伊笛絲穿衣服。所以，伊笛絲從來不和其他的孩子一起做戶外活動，甚至不上體育課。她非常害羞，覺得自己和其他的人都「不一樣」，完全不討人喜歡。

長大之後，伊笛絲嫁給一個比她大上好幾歲的男人，可是她並沒有改變。她丈夫一家人都很好，也充滿了自信。伊笛絲盡最大的努力要像他們一樣，可是她做不到。他們為了使

伊笛絲開朗而做的每一件事情，都只是令她更退縮到她的殼裡去。伊笛絲變得緊張不安，躲開了所有的朋友，情形壞到她甚至怕聽到門鈴響。伊笛絲知道自己是一個失敗者，又怕她的丈夫會發現這一點，所以每次他們出現在公共場合的時候，她都假裝很健談的樣子，結果常常鬧出笑話。事後，伊笛絲會為了這個難過好幾天，甚至鬱悶到使她覺得再活下去也沒有什麼意義了，伊笛絲開始想自殺。

後來，是什麼改變這個不快樂的女人的生活呢？只是一句隨口說出的話。隨口說的一句話，改變了伊笛絲的整個生活，使她完全變成了另外一個人。

有一天，她的婆婆正在談她怎麼教養她的幾個孩子，她說：「不管事情怎麼樣，我總會要求他們保有自我本色。」

「保有自我本色！」就是這句話，在那一剎那間，伊笛絲才發現自己之所以那麼苦惱，就是因為她一直在試著讓自己適合於一個並不適合自己的生活模式。

伊笛絲後來回憶道：「在一夜之間我整個人改變了。我開始思考如何保有自我本色。我試著研究我自己的個性，自己的優點，盡我所能去學色彩和服飾知識，儘量以適合我的方式去穿衣服。主動地去交朋友，我參加了一個社團組織，他們讓我參加活動，使我嚇壞了。

可是我每一次發言，就增加了一點兒勇氣。今天我所有的快樂，是我從來沒有想到可能得到的。在教育我自己的孩子時，我也總是把我從痛苦的經驗中所學到的結果教給他們：『不管事情怎麼樣，總要保有自我本色。』」

♥想要生活得快樂，最重要的就是保持自己的本色。妳只能唱妳自己的歌，穿妳自己的衣服。妳只能做一個由妳的經驗、妳的環境和妳的家庭所形成的妳。不論好壞，妳都得自己創造自己的小花園；不論好壞，妳都得在妳生命的交響樂中，做好完美的演出。

POINT

頑石

妒忌和懷疑是愛情的附屬品。妒忌與懷疑越大，愛情也就越強烈。——（愛爾蘭）蕭伯納

瑪麗當新娘嫁進這個農場時，那塊石頭就在那兒了。

它剛好位於屋角，是塊醜陋、陰暗的橙色怪石。這塊直徑約有一英呎的石頭，從後院草地裡突出兩英吋，隨時可能使人絆倒。

一次使用割草機，不小心被它碰斷了高速運轉的刀片，瑪麗問：「我們不能把它挖走嗎？」

「不行，它一直在那兒。」丈夫說。他父親也表示同意。「它埋得很深，我想。」公公補充說：「我爺爺從南北戰爭時就住在這兒，從來沒人把它挖走。」

於是那石頭又留下了。後來，瑪麗的孩子們接著出生，又逐漸長大可以到處走了。接

著公公去世。再後來，丈夫也離開了她。

葬禮之後，瑪麗開始審視周圍的院子，發現有近百個受損的地方。她便一個一個地修補它們。然而，房子西南角那片，怎麼整也不行。一定是那塊石頭影響了草坪的生長。她到庫房拿出鐵鏟，要挖掉那塊石頭。

瑪麗準備用一整天的時間來除去這塊頑石。她戴上厚厚的手套，找來手推車。

僅僅五分鐘，那塊石頭就被挖出來了。它只埋了約一英呎深，現在看起來可能比她原先認為的寬六英吋。

♥ **作為女人千萬不可懦弱。許多困難貌似「艱巨」，其實不過是「紙老虎」，只要妳敢於勇敢地面對它，就會發現，那實在遠不如想像的可怕！**

POINT

冒險嘗試新的東西

最無情的深淵是愛情。即使能在海難中倖免的人，也逃不過她的引誘。——（法）雨果

妳可能會認為一位年近七十歲的老太太，買輛摩托車是在跟自己的生命開玩笑。但貝莎卻決定這樣做了。

「買它到底幹什麼？」親戚、朋友驚訝地問。

「去兜風。」貝莎告訴他們。

「開著小車照樣可以做同樣的事情。」他們說。

「是的，但我怎能隨時停車，去欣賞遍地的野花和去傾聽小溪的歌唱呢？」貝莎回答說。

「這太危險了。」他們說。

「也許是。但這正是我還未騎過摩托車的原因。妳可以自由自在地駕駛小車，但妳也未必就不會被其他來車撞到，就像車禍總是發生於意外而非刻意造成的一樣。」貝莎用自己的理論回答他們的擔憂。

為了好好練習一番，就得找個安全的地點。貝莎發現了一條人煙稀少的鄉間小路，在週末期間，她常可獨自享有這條小路。每當她騎摩托車騎累時，便停下車悠閒地欣賞兩旁的風景，之後便加足馬力返家。駕駛技術每天都有些進步，貝莎騎車四處閒逛時，常常樂得哈哈大笑，沒想到這樣無憂無慮自由自在的遨遊，會是這般快樂。

有一天，貝莎冒險騎到離村莊兩英哩遠的河邊，停好車，便拎了一包菜到河邊餵鴨子。一會兒，隱隱約約感覺到有人盯著摩托車看，突然，她的胳膊被碰了一下。

貝莎回頭一瞥，原來是兩個小孩。其中一個向夥伴點了一下頭，齊聲說：「我們想用我們的自行車換妳的這個。」

貝莎笑了，但一張充滿稚氣的小胖臉和一張生有雀斑的臉卻十分嚴肅。她認真答道：「這是一個慷慨的建議，但我一個人用不了兩輛自行車。」

他們點點頭，表示能理解。

鄰居們似乎也不再擔心了。貝莎騎車經過他們那兒時，他們微笑著招手說：「看起來真神氣。」頭一次，她以為是因為自己的頭盔、變色眼鏡、長手套和身著皮夾克的「全副武裝」模樣看起來很有趣。但此後，她從他們臉上看到的，都是熱情和對四處遨遊行為的羨慕。

當然，騎摩托車很危險。貝莎的一位朋友對此最具說服力：她曾騎車摔進水坑，付出了折斷胳膊的代價；另外有位寡婦在返校途中，跌入了泥坑，因此不敢再出現在講臺上，怕年輕的學生嘲笑。

但貝莎卻始終樂此不疲，並從中得到了很多的樂趣。

♥願意嘗試新的東西，喜歡冒險是成功女性的共同特徵。盡可能嘗試更多彩多姿的生活，這輩子便「沒白活」。或許，不一味追求「安定」而追求「沒白活」，是生活的真正要點。

POINT

專家未必總是正確

求愛的人比被愛的人更加神聖，因為神在求愛的人那兒，不在被愛的人那兒。——（德）湯瑪斯・曼

那是在佛蒙特的一個寒冷早晨，一位女編輯開的車突然不斷的顫抖動，於是她趕快在一家汽車修理廠前停了下來。「別擔心，」技工向她保證，「熱車以後，就不會再一陣陣的抖動了。」她了解自己這輛車，在過去天氣再怎麼冷它也沒有過這種情況。可是專家告訴她沒事，她也就只好將車開走了。

後來卻發現是水箱凍住了，她那輛車也幾乎報廢。「真是報應，」她告訴朋友：「就因為我聽信了那些自以為什麼都懂的人的話，連自己對身邊熟悉的事物應有的判斷力也喪失了。」

這個世界已變得那樣複雜，我們在瞭解或與它打交道時，從能力方面就已失去了自

信。但常識卻是現在和過去一樣是大有用處的，再多的專長也替代不了對某一人、某一情境的特別認識。某些情況下，妳還是得相信自身的判斷力。

喬・庫德爾特是幾乎丟了性命才學會這一點的。一天他在看書的時候，無意識地敲了敲後腦勺，忽然注意到有那麼一塊地方，在敲頭時發出的聲響就和指甲劃在空紙盒上的聲音差不多。他馬上去找大夫。

「您說您腦袋裡有個洞？」大夫取笑似的說：「什麼也沒有，有的恐怕也是您杞人憂天的幻覺！」

兩年內庫德爾特找了四個大夫，他們都告訴他腦部完全正常。找到第五個大夫時，庫德爾特幾乎都絕望了，但他堅持地說：「我自己的身體我自己清楚，我知道裡面有什麼不對勁的地方。」

「您要不信我的話，我就做個X光，讓您看看我說的對不對。」大夫說。

果不出其然，腫瘤在庫德爾特腦袋裡已長成一個約眼球大小的空洞。手術以後，一個年輕的大夫站在他床邊，躊躇片刻後說：

「要說也是件奇怪的事，您還是真的很厲害。大多數人都死在這腫瘤上了，因為它沒有特殊的症狀表現出來，等發現時已晚了。」

庫德爾特知道自己並不厲害，而且在專家面前也表現出認同他們的理論。其實，在前四個大夫看病時他就應該堅持表達自己的感覺。當然，對某些完全肯定的理論能提出疑問還是相當困難的。

♥沒有主見常常是許多女性的弱點。我們不應被專家之言所嚇倒。當遇到我們確實熟知的領域，如我們的身體、我們的家庭、我們的住所，讓我們聽完專家們如何說後，自己再做主張吧！我們的推測或許和他們的差不多，有時可能還要比他們的更準確些。

POINT

不要讓感情生活空白

世間最美的東西就是春天和愛情。——（德）海涅

柳勤博士畢業後，被一所大學聘請為中文系教授，來找她講學的人絡繹不絕。回首既往，柳勤的確沒有因為虛度年華而悔恨，也沒有因為碌碌無為而羞愧。然而，她的心中卻一直隱藏著不為人知的遺憾，那就是她多年來近乎空白的感情生活。

在少女時代，柳勤對身邊的男人不屑一顧，一心只想做學問，想做最優秀的，最有名氣的女人。年齡漸長，思想上更加成熟了，她感到人到中年，要與另一個素昧平生的人共同生活，彼此更難以契合。況且，柳勤眼中能讓她值得與之廝守的男人，至今仍遲遲沒有出現。就這樣，她在矛盾困惑中一次次與愛情失之交臂。花樣年華，只是彈指一揮間。柳勤的終身大事就這樣耽擱了下來。

多年來的努力，辛苦奮鬥，她一直反覆告誡自己：要耐得住寂寞，管她什麼迷妳裙、喇叭褲，遠離娛樂、休閒，埋首書海，近乎苛求地對待自己。

一次大病初癒後，她獨自搭車回住所，途經車站廣場，忽然發現了一張熟悉的面孔。那不是十幾年前和自己同系的一個男同學嗎？已比他高出一頭的女兒親熱地拉著他的手，妻子緊緊依偎著他，一家人甜蜜幸福地向前走去。

當年這位同學曾執著地追求過她。柳勤清晰地記得：有一年，她發燒在家，他換了三趟車去看她，因為找不到她家，他竟提著橘子在雪地裡漫步了兩三個小時……柳勤請司機慢一點開，直到他們全家人的身影消失在視線中。

冬日正午的陽光，軟軟地照在她的身上，柳勤的淚水就那麼緩緩地流了下來。年輕時，總以為獨來獨往是一種瀟灑，而今，她才體會到自己只不過是個平常的女人，渴求的只是一份能體恤冷暖、相攜相伴的平實簡單的幸福而已。

♥人是有感情的動物，戀愛結婚和生育是完整人生的重要組成部分。最明智的做法是該戀愛就戀愛，該結婚就結婚。獨來獨往看似瀟灑，其實內心深處卻無限的孤獨和無奈。

POINT

過去的只能是現在的逝去

年輕人對於愛情要提得起，放得下，那才是一個智者。——（古羅馬）西塞羅

一位哲學家途經荒漠，看到很久以前的一座城池的廢墟。歲月已經讓這個城池顯得滿目瘡痍了，但仔細地看，卻依然能辨析出昔日輝煌時的風采。

哲學家想在此休息一下，就隨手搬來一個石雕坐下來。他點燃一支菸，望著被歷史淘汰下來的城垣，想像著曾經發生過的故事，不由得感歎了一聲。

忽然，他聽到有人說：「先生，你感歎什麼？」

他四下瞭望，卻沒有人，他疑惑起來。那聲音又響起來，是來自那個石雕，原來那是一尊「雙面」神像。

他沒有見過雙面神，所以就好奇地問：「你為什麼會有兩副面孔呢？」

雙面神回答說：「有了兩副面孔，我才能一面察看過去，牢牢吸取過去的教訓；另一面又可以瞻望未來，去憧憬無限美好的明天。」

哲學家說：「過去的只能是現在的逝去，再也無法留住；而未來又是現在的延續，是你現在無法得到的。你不好好掌握現在，即使你能對過去瞭如指掌，對未來洞察先知，又有什麼具體的實在意義呢？」

雙面神聽了哲學家的話，不由得痛哭起來，他說：「先生啊！聽了你的話，我才明白，我今天落得如此下場的原因。」

哲學家問：「為什麼？」

雙面神說：「很久以前，我駐守這座城時，自詡能夠一面察看過去，一面又能瞻望未來，卻唯獨沒有好好的把握住現在，結果，這座城池便被敵人攻陷了，所有的輝煌都成為了過眼雲煙，我也被人們唾罵而棄於廢墟中了。」

♥ 生活中最重要的一個原則是要活在當下。不論我們研究過去，還是展望未來，都是為了給眼前的生活指明正確的方向。牢牢地把握現在，才能避免過去的錯誤，擁有更美好的未來。

POINT

單純的愛情支撐不了長久的婚姻

強烈而持久的愛情像處女一樣純樸，也就是說，它的表現是純樸的，用不上一切修飾描繪的形容詞，它只可意會，它比一切火熱的、華美的詩行更有力量。——（俄）果戈理

有一群生活在冰天雪地裡的企鵝，他們每天都邁著優雅從容的紳士步伐，愉快地過著日子。他們當中有一隻企鵝叫基基，那是所有企鵝當中最優秀的企鵝之一，他深深地愛著他們當中的另一隻企鵝本本。在企鵝群裡有個規矩：求婚者必須找一些石頭給被求婚者，以便在以後共同的日子建造溫暖的家而使用。

像所有準備求婚的企鵝一樣，基基千辛萬苦地奔波著，去尋找石頭。經過長途跋涉，他丟下了一塊又一塊自己覺得不太滿意的石頭。正當基基累得筋疲力盡時，終於找到了一枚最精緻的石頭。他認為只有這一枚，才配得上本本。

可是，本本卻和另一隻企鵝結婚了。那隻企鵝，一直跟在基基後面撿，當基基把所有自己認為不好的石頭扔掉時，那隻企鵝就會把基基扔掉的石頭都撿了起來，然後送給本本。這些石頭雖然很粗糙而且也不完美，但是很多，堆得滿滿的，於是本本便答應嫁給他。

基基一直不明白：本本一直都是喜歡自己的啊！平時玩得很好，可為什麼本本會做出這種選擇？

轉眼三年過去了，在這期間，基基和本本誰也沒理過誰，直到有一天，本本才找基基把當初不嫁給他的原因告訴了他：「其實我一直很愛你，可是我卻嫁給了他……因為他送了我好多石頭，而那些石頭都是你丟掉的，你知道嗎？我們生活在冰天雪地裡，如果沒有足夠的石頭做窩孵卵，我們的後代在出生之前就會被冰雪凍死。你送我的那一枚石子好美，但那只能代表愛情。單純的愛情支撐不了長久的婚姻和對兒女的責任……」

♥ 婚姻不能脫離實實在在的生活，正如一首歌中所唱道的：「有了愛情，還要麵包……」要解決吃飯的問題，還要解決穿衣的問題、住的問題，最後，才能考慮休閒娛樂和更進一步的生活享受。

POINT

不要把希望都寄託在男人身上

孤獨和寂寞很少使愛情減弱，多半是使它更加強烈。——（法）勒薩日

小荷本是個山裡的女孩，當年瞞著父母跟同村的夥伴跑出來打工的時候才十六歲，在台北這樣的大城市，只有初中畢業的她前途茫茫，像隻迷途的羔羊那麼無助與絕望。

她們一家家餐館、飯店地問，問人家是否需要臨時工，說洗碗端盤子什麼她們都能做。可是過了半個月連個讓她們去試試的都沒有，人家都嫌她們看起來土，說出的話都土味十足。幸好有個同鄉幫忙，才得以在一家冷凍廠做工。那些日子才叫做苦啊！每天清晨三四點起來，酷暑天工作間裡要穿大衣，外面還要罩一個防水的膠皮衣，穿著又厚又重的水靴站在冰冷的水裡一泡就是一天。

所以當小荷認識了現在的老公，一個離過婚的四十多歲的工頭時，幾乎二話沒說就答

應嫁給他了，而那時她才十七歲。對當時的她來說，那個男人的那間陋室簡直是天堂，而他買給她的一切不值錢的小飾品簡直都是珍寶，而且最重要的是那個男人承諾養她一輩子，再也不要看到她那麼辛苦地工作。就這樣，小荷衣來伸手飯來張口的所謂幸福生活開始了。漸漸地，小荷也不記得當年自己站在冷凍廠冰冷的水裡的情形了，好像她從一生下來就是這樣有人供養，衣食無憂的。

正所謂「天有不測風雲，人有旦夕禍福」，正在小荷對自己的生活沾沾自喜、洋洋自得的時候，一個晴天霹靂驟然而至——工頭出事了，在生產線工作的時候不幸被砸傷，成了植物人。

一下子，小荷的世界全部毀掉了，她不清楚工頭的任何事，甚至連家裡現有的錢花完了該去什麼地方拿她都不知道。工頭的家人來了，迅速地處理了工頭的財產，將房子變賣以支付醫院的費用。

而她這個當時就名不正言不順的老婆只有兩個選擇：如果留下，就是照顧這個不知道何時醒來，也不知道醒來還認識不認識她的男人；如果離開，那麼就一無所有，去哪兒、做什麼都是未知數。

♥聰明的女人渴望無憂無慮，但不能逃避責任；追求享受，但不能透支錢財。她們對金錢的看法，是正常人的態度。她們要靠自己的努力工作來爭取，而不會依賴男人們。

POINT

沒有一個國王的妻子是快樂的

情人嘴裡說出來的辱罵的話是並沒有侮辱意義的；最古怪的話或者十分不堪的話，常常被當做是愛的表示。——（法）莫里哀

佛蘭西斯．霍勒是沙特王宮的一名外籍家庭教師，主要任務是陪七位小公主閱讀英文童話，每年的收入是英國首相布萊爾的四十倍。不過，她被解聘了。在重返康橋讀書的那天，有二百多名記者雲集在聖凱瑟琳學院門口打探內幕，鑒於有協定在先，她迴避了所有的發問。

一位陪同小公主閱讀童話的人到底出了什麼差錯？人們有很多猜測。法國的一家報紙說，是因為佛蘭西斯和某位王子產生了戀情，在王宮裡上演了灰女孩的故事；德國的一家報紙說，佛蘭西斯是被美國安全局買通的一名特務，在傳遞情報時露出了馬腳；阿拉伯的一家

報紙說，佛蘭西斯小姐合約期滿，她的離開屬正常解聘……總之，眾說紛紜，誰也不知道哪一條是佛蘭西斯被解聘的真正原因。

二〇〇一年耶誕節，一封來自沙特公主的電子郵件透露了實情。這封郵件是向佛蘭西斯問候聖誕快樂的。在郵件中，小公主回憶了和佛蘭西斯共同渡過的快樂時光。她說，妳還記得我們一起讀《安徒生童話》時問妳的問題嗎？我們傻乎乎的，真是愚蠢至極，以致造成今日的離別。

原來公主們在讀童話時，問了佛蘭西斯這麼一個問題：「誰的妻子最快樂？」

當時佛蘭西斯反問了她們：「妳們認為呢？」

七位小公主齊聲回答：「農夫的妻子最快樂！」

「難道國王的妻子、百萬富翁的妻子、政治家的妻子、詩人的妻子不快樂嗎？」佛蘭西斯問。

「不快樂。」七個小公主回答。

「為什麼？」佛蘭西斯接著問。七個小公主答不上來，她們只知道，在童話故事裡，沒有一個國王的妻子是快樂的，也沒有一個百萬富翁的妻子是快樂的。

後來，佛蘭西斯給她們講了其中的原因，並告訴她們：在這個世界上，只有真正快樂的男人，才能帶給女人真正的快樂。誰知這句話被人告密，第二天她就接到了解聘通知。

二〇〇一年末，美國《紐約時報》財經版評選「十大名言」，佛蘭西斯的那句話破天荒地被選了進去。因為她因那句話，失去了一百萬英鎊。

每一個女人都應該學會善於追求快樂。在生活中，真正的快樂和地位是沒有關係的。追逐名利、身陷複雜的社交當中，即使地位顯赫，也很難得到真正的快樂。

POINT

別被男人的甜言蜜語所迷惑

適當地用理智控制住愛情，有利無弊；發狂似的濫施愛情，有弊無利。——（古羅馬）普拉圖斯

結婚四年，小薇的生活平靜而安定，有時總覺得少了那麼一點激情，可是女兒的出世讓她忘了少女時代的夢想，應該說，她覺得自己是個幸福的女人，直到認識鄭峰。

鄭峰是小薇喜歡的那種男人。他們兩個所在的公司雖然不在同一個城市，卻偶爾會有一些專案上的合作。

他們從不隱瞞自己的家庭狀況，卻擋不住互相產生好感。在一個風雨交加的夜晚小薇收到他的簡訊：「寶貝，妳們那裡也下雨嗎？在這樣的夜晚，除了想妳，我不知道自己還能怎樣。」

小薇大驚：他怎麼了？再有好感，畢竟是兩個有家室的人，他怎麼能如此放肆？可是

為什麼我的心卻怦怦直跳？

她上了網，他正在BBS上等她。他們進行了對她來說不啻於驚天動地的談話，他明明白白地告訴她：「我喜歡妳，我想在妳正常的生活外再給妳多一份快樂！如何交往，妳可以自行決定。」

從此，她每天都會收到他簡單卻直指人心的甜言蜜語、簡訊，或是網上資訊。

「看著窗外，突然就想妳了。妳好嗎，我的寶貝？」

「深夜睡不著，妳一定睡熟了吧？祝妳好夢，並且奢望妳夢中有我。」

「寶貝妳在幹什麼？眼前總是浮現出妳的影子，我什麼也做不了。」

「老婆要我陪她上街，我不去，只想靜靜在這裡和妳說幾句話。」

……

小薇開始想念他，開始不願意與丈夫上床，開始痛苦，開始思索愛情到底是什麼。

直到一年後的一天，她毫不思索地開車直驅他居住的城市，站在他上班的路口。當他的身影遠遠出現在路的那頭，她感覺自己變成了十幾年前那個初戀的少女。

他卻不同，看到她，他滿臉疑惑：「妳怎麼來了？出差呀？」沒有驚喜，沒有愛意。

一剎那，小薇從天堂掉進地獄，「想你才來看你」這樣的話她根本就說不出口。他們都是成年人了，她覺得，在情感的遊戲中，她中了人家甜言蜜語的圈套。一開始她就動了心，就落在了下風，說出口便是一個笑話。

小薇強作微笑，說：「是啊！是啊！來出差，到你們這裡辦些事。」

他說：「那妳去辦事，我先走了，晚上請妳吃飯吧？」

小薇說：「不了！不了！下午我辦完事就走，晚上家裡還有事呢！」

……

小薇感到惆悵，卻又暗自慶幸：自己這不是自作多情嗎？

對部分男人來說，向女人訴說甜言蜜語，是一種消遣和有趣的事，甜言蜜語是他們討好女人的手段，但是，他們只是說說而已，並不會放在心上。如果一個女人因聽了一個男人的甜言蜜語而癡迷，最終很可能會失望或給自己帶來傷害，甚至誤認為：「男人都是騙子」、「沒有良心」。

POINT 拒絕誘惑

過分的愛一個男人或女人，是痛苦的事情，
但若給妳一種滿足，則是一種偉大的行徑。——（美）惠特曼

在網路上她認識了很多男人。她很自豪。她覺得自己像個牧羊人。

她試圖很仔細地掌握這些陌生男人的基本資料。雖然有攙假的成分，但她以時間的磨合獲取更多的瞭解。

幾個比較令她中意的男人成為她戲謔的對象。她主動和他們談著性，談自己的身體，談自己的慾望。她想像著他們如熱鍋上的螞蟻。看著他們急切灼熱的字眼，她就會笑出聲來。

有時丈夫不在家，在孩子入睡的情況下，她會盡情地在虛擬網路中縱情放肆。她和比

較要好的男人虛擬造愛，從文字方式演繹為語音方式。她覺得很開心。為網路聊天的事，丈夫和她起了爭吵。

有一次，他氣急敗壞地打了她。她跑了出去，去了鄰近城鎮，那裡有她的一個網路情人，她和他發生了關係。

之後，她的丈夫也麻木了，不再管束她，她反而覺得愧疚了。她開始反省自己，感覺到自己的墮落和骯髒。她是個壞女人，不配做人之妻，子之母。她開始承受著愧疚的痛苦。

她想，自己要重新做個好女人，做孩子的好母親。重歸於現實，安心於工作和家庭。在瑣碎的日常生活中，她逐漸地找到了一絲平靜。生活和往昔一樣，沒有大的起伏變化。雖然缺乏色彩，欠缺浪漫，但她深刻的了解到，生活的實質就是如此。

在網路中聊天是一種不錯的放鬆和消遣方式，但是，不能沈迷其中，更不能被網路戀情所迷惑。網路情緣是靠不住的，在虛擬世界中，每個人所扮演的角色都是虛偽的。立足於真實的生活，才能獲得真正的幸福。

♥路遙知馬力，日久見人心。與人相處必須真實、實在，不能耍小聰明、貪小便宜。作為女人，更應該潔身自愛，和男人的關係不能過於曖昧。

POINT

理想的愛情和現實的婚姻

愛情是生活中唯一美好的東西，但卻往往因為我們對它提出過分的要求而被破壞了。——（法）莫泊桑

有個女孩子，從小就喜歡吃番茄炒蛋。這個菜做起來很簡單：切一個紅番茄，打兩個雞蛋，再放一勺糖。有時候，女孩癡癡地想：將來陪我吃番茄炒蛋的人會是誰呢？她希望他不是軍人，也不是醫生。他應該是一個高高瘦瘦的青年，有一頭濃密的黑髮和一雙深深、足以讓人陷進去的眼睛。後來的日子裡，女孩遇到了好幾個符合理想條件的人，但相處短暫的時間之後，結局總是不歡而散。一年又一年，女孩漸漸有些著急和失望了。

又一個春天，在郊遊的時候，她意外地認識了一個男子——他是一名軍醫，人高高瘦瘦的，頭髮稀少，還戴著一副近視眼鏡。

相識一周之後，他陪著女孩去補那顆壞了很久的門牙。走在路上，他緊緊握住她的

手，靠近她耳邊輕輕說：「等補好後，我就可以吻妳了。」

每當他值班時，在黃昏時刻，女孩必然穿上心愛的長裙，懷裡抱一個保溫飯盒，穿過長長的充滿消毒液氣味的走廊，來到外科診間給他送飯。那天，打開飯盒，看見番茄炒蛋，他驚喜地叫了起來，吃了幾口，卻忍不住問她：「怎麼是甜的？難道妳做番茄炒蛋不放鹽嗎？」

偶爾，他也笑著對女孩說：「妳和我想像中的女朋友完全不一樣嘛！只有文憑還對。可是妳經常寫錯單字，念大學時肯定整天打瞌睡、啃指甲……」女孩溫柔地摸摸男友微禿的頭，忍不住也笑了……

女孩最終嫁給了軍醫。日子很平靜，也很幸福。他們經常做兩個人都愛吃的番茄炒蛋，只不過他做的時候加糖，她做的時候一定放鹽。

♥想像中的愛情是一種理想，生活中的婚姻是一種現實。現實和理想難免有些出入，作為女人，一定要實在些，不要太苛求：戀愛靠的是緣分，美滿的婚姻靠的則是互敬互愛。

POINT

現在就出發

愛情的開始與生命的開始，頗有些動人的相似之處。——（法）巴爾扎克

安東尼．吉娜是目前美國紐約百老匯中最年輕、最負盛名的年輕演員，她曾在美國著名的脫口秀節目《快樂說》中講述了她的成功之路。

幾年前，吉娜是大學裡藝術團的歌劇演員。在一次校際演講比賽中，她向台下觀賽的人發表一個最為璀璨的夢想：大學畢業後，先去歐洲旅遊一年，然後要在紐約百老匯中成為一名優秀的主角。

當天下午，吉娜的心理學老師找到她，尖銳地問了一句：「妳今天去百老匯跟畢業後去有什麼差別？」吉娜仔細一想：「是呀，大學生活並不能幫我爭取到百老匯的工作機會。」於是，吉娜決定一年以後就去百老匯闖蕩。

這時，老師又冷冷地問她：「妳現在去跟一年以後去有什麼不同？」

吉娜苦思冥想了一會兒，對老師說，她決定下學期就出發。老師緊追不捨地問：「妳下學期去跟今天去，有什麼不一樣？」吉娜有些吃不消了，想想那個金碧輝煌的舞臺和那雙在睡夢中縈繞不絕的紅舞鞋……她終於決定下個月就前往百老匯。

老師乘勝追擊地問：「一個月以後去，跟今天去有什麼不同？」吉娜激動不已，她不由自主地說：「好，給我一個星期的時間準備一下，我就出發。」老師步步緊逼：「所有的生活用品在百老匯都能買到，妳一個星期以後去和今天去有什麼差別？」

吉娜終於雙眼盈淚地說：「好，我明天就去。」老師贊許地點點頭，說：「我已經幫妳訂好明天的機票了。」

第二天，吉娜就飛赴到全世界最巔峰的藝術殿堂——美國百老匯。當時，百老匯的製片人正在醞釀一部經典劇場，幾百名各國藝術家前去應徵主角。按當時的應徵步驟，是先挑出十個左右的候選人，然後，讓他們每人按劇本的要求演出一段主角的口白。這意味著要經過百般艱難的角逐才能勝出。

吉娜到了紐約後，並沒有急於去漂染頭髮、買流行服飾，而是費盡周章從一個化妝師手裡要到了將排演的劇本。這以後的兩天中，吉娜閉門苦讀，悄悄演練。正式面試那天，吉娜是第四十八個出場的，當製片人要她說說自己的表演經歷時，吉娜燦爛一笑，說：「我可以給您表演一段原來在學校排演的劇場嗎？就一分鐘。」製片人首肯了，他不願讓這個熱愛藝術的青年失望。

而當製片人聽到傳進自己耳膜裡的聲音，竟然是將要排演的劇場對白，而且，眼前的這個女孩感情如此真摯，表演得如此唯妙唯肖時，他呆住了！他馬上通知工作人員結束面試，主角非吉娜莫屬。

就這樣，吉娜來到紐約的第一天就順利地進入了百老匯，穿上了她人生第一雙紅舞鞋。

♥ **生活就是這麼不可思議，很多人只知道把自己的理想定得比天還高，卻從來不肯把理想的實現付諸行動。將來的機會並不比現在多，既然將來的條件並不比現在好多少，為什麼不現在就出發呢？**

POINT

世上沒有白吃的午餐

愛情會給人智謀。——（法）莫里哀

小孫是一個聰明的女人，因為職業的緣故，她需要結交社會各個階層各行各業的男人。男人中，既有謙謙君子，也有齷齪小人，更有好色之徒。其中，即便謙謙君子也少不了對她懷有非分之想，因她年輕、活潑、漂亮，又有文采。

幸好，聰明賦予她自我保護能力，令這個幾乎每天都穿梭於男人堆裡的女人，沒有成為待宰的羔羊、淪為男人的玩偶，或被某個有權有錢的男人「包養」，成為「地下情人」。

十幾年過去了，她依然保持著自己的清純和自尊，沒被哪個有權的男人俘獲，也沒被哪個有錢的男人征服，依然魅力四射，每天像太陽一樣升起在眾多男人的面前，又匆匆離去，仍像明月一樣照亮在夫君的床頭。

小孫聰明，明知「世上沒有白吃的午餐」。於是，每當男人主動提出送她什麼手機、鑽石，熱切地承諾幫她調動、辦事，每隔三五天就請她吃飯、跳舞時，她第一個反應就是：「拿人手短，吃人嘴軟，欠他的情我用什麼來補償呢？」於是，她會以合情合理的說辭婉拒，既不傷人顏面，也逃脫了某些人狼一樣的追逐。

很多朋友和她相識相交多年，都覺得愈來愈捨不得她，但也愈來愈敬重她、熱愛她，因為她的美麗和聰明，更因為她的冰清玉潔。

♥ **世上充滿了誘惑，也充滿了陷阱。天下沒有白吃的午餐，所以，當男人主動給妳小恩小惠的時候，一定要保持清醒的頭腦，做出明智的抉擇。**

POINT

小心過度「熱心」的人

為愛情所獻出的犧牲，乃是最貴重的犧牲。——（德）歌德

一天，周小姐在提款機前領錢，有一男子緊跟其後。周小姐由於對提款卡的使用不是很熟練，連著輸入了兩次密碼都沒能取出現金。朱某裝作非常「熱心」，上前把周小姐的卡退出來，拿到旁邊的提款機上試了半天，也沒有領到錢，便說可能是提款機壞了，轉身將提款卡還給了周小姐。周小姐第二天再到銀行查詢時，存摺裡的四萬元早已不翼而飛。之後犯罪嫌疑人朱某被警察機關抓獲。

其實，騙子的手法很簡單。騙子在自動提款機附近等待，看到有人用提款卡領錢操作不熟練時，就走上前去假意幫忙，就在他們拿過提款人的提款卡時，便以熟練的手法偷天換日，用自己手中一張沒有錢的空卡插入提款機。在提款人輸入密碼時，由於已經換卡，當然

密碼不符，提款人不得不再輸一次密碼，此時騙子已經把密碼記在心裡，他們悄悄把密碼輸在手機上，然後幫提款人取出提款卡，還「好心」地提醒提款人，可能密碼記錯了，今天不要再領錢了，免得卡讓機器「吃」了。提款人邊謝邊離去，騙子們便馬上把受害人取款卡上的現金全部領走。而後再用這張空卡去騙下一個受害人。

♥ **世上好心人還是有的，這一點也常常被騙子所利用。「害人之心不可有，防人之心不可無。」當有人主動「熱心」地幫助妳時，妳要小心，千萬不要毫無防範地被別人「偷天換日」，使自己吃虧上當。**

POINT

小心「騷擾」就在妳身邊

愛情與自由，只有那些配得上懷抱偉大理想的人才會有這樣雙重的追求。——(法)拉馬丁

天閣飯店是一家集吃飯、住宿、購物、娛樂於一體的五星級大飯店。由於總經理魏孟琪經營有方，生意十分興隆，在當地是眾所皆知的大飯店。

方雅慧讀完大學，通過招聘考試被天閣飯店錄用到公關部。

年方二十三歲的方雅慧，不僅容貌長得美麗身材更是姣好，而且談吐高雅、氣質不凡，加上她天資聰穎，樂於助人，在飯店形象極好。

年近五十的總經理魏孟琪在事業日益壯大的同時，好色之心也日漸膨脹。為了顧及面子，維護自己的形象和威信，在自己經營的飯店他處處小心、事事注意，甚至極少和女員工說話。

但是，方雅慧的出現，打亂了他那顆不安分的心。終於，他壓抑不住自己的慾望，以談工作為名把方雅慧叫到了辦公室。

「小方呀，妳來我們飯店兩個月了，還滿意嗎？」

「謝謝魏總關心。」方雅慧禮貌地回答道。

「我聽妳們部門經理說，妳的工作能力很強，好好做，可不要辜負了我的期望喲！」說著，他取出一條金項鍊，「小方，這是我送給妳的，作為對妳這一段工作的獎勵，也是我的一點心意。」

說著話，他走到了方雅慧身邊：

「來，我給妳戴上，看看怎麼樣？」

方雅慧已經從他的眼神中看出了他的心思，出於女性的本能，她推開了魏孟琪的手說：

「魏總，謝謝妳。不過，項鏈我不能收。飯店好像也沒有這個先例。」

「這有什麼？小方，就算我個人送給妳的還不行嗎？」

「不行。魏總，這樣我更不能收。對不起，我還有工作，如果沒有事我就告辭了。」

說完，不等魏總回答，她轉身走了出去。

♥發生在職場的「性騷擾」事件屢有耳聞。因此，要時刻提高警覺，防患於未然。對於男性上司來路不明的「好意」，女性職員，特別是年輕、漂亮的女生一定要更加小心。當他的面目暴露出來後，就當明確拒絕。否則，吃虧的只會是自己。假如有人對妳有非分之想，就必須立即表態，態度要堅決，不給他留下絲毫的餘地，使他的邪念徹底打消。

POINT

防止被性騷擾

眼淚是愛情的香料，浸在眼淚中的愛情是最可貴的愛情。——（英）司各特

小萍和老公離婚後一直一個人，她說前次婚姻讓她怕了，她不想匆忙地決定再婚，怕再受一次打擊。但離婚後有一件事也讓她很煩，就是她要常常忍受身邊的有些男人的有意無意的性騷擾。有時她甚至想乾脆隨便找個人結婚，目的就是告訴那些騷擾她的人：「我有男人，離我遠一點。」在小萍工作的部門裡，男的多，女的少，所以，她就成了揩油的對象。

經常有人在找文件時乘別人不注意，恨不得把身體趴在她身上；還有人在接東西的時候，不經意地摸一下她的手，或者握一下趕緊鬆開；至於黃色的手機簡訊那就更不用提了。這樣的事又讓她沒法翻臉，偶然碰到實在過分的，她翻臉，人家就說：「開開玩笑，何必這麼認真？」這些事搞得她哭笑不得，都是同事，又不能過分地得罪他們，工作總不能不做，

所以她只能忍著。

最離譜的一次是，有一天下班，碰巧部門的一個主管與她同路，去她家附近的朋友家吃飯。在分手時她客套的說：「再見，有空來我家坐坐」。誰知晚上九點多了，那個主管吃完飯後就真來她家了，她不開門肯定不行。開門讓他進來，開始是東一句西一句地閒扯，後來居然趁她倒茶時站起來動手動腳。這個人平時在部門裡道貌岸然地很嚴肅，這時居然這麼一副嘴臉。被逼無奈，小萍只好抓起電話撥一一〇報警，這才嚇住了他。他落荒而逃，剩下小萍一個人在家痛哭，她那時覺得自己真是孤單無助。每天，她覺得自己都全力戒備，保護自己又不敢太得罪這些披著羊皮的狼。

「寡婦門前是非多。」離婚女人常常是那些愛佔便宜的無聊男人最好的獵物，所以離婚女人得做好防護牆，保護自己，必要的時候可以使用法律的手段。妳越膽小怕事怕聲張出去不好，他就會抓住妳的心理，越來越大膽，所以妳必須要反抗。

但是，妳不能在每一次發現有人有不軌行為時都大呼小叫，那樣不瞭解情況的人反而會以為妳小題大做。妳要找到一個最佳時機用最有效的方法懲罰一個人，以達到殺雞儆猴的效果。

POINT

不能一再上當受騙

一個教育家的全部箴言也趕不上你所愛戀的一個聰明女人的情意纏綿的話語。——（法）盧梭

獅子生病了，睡在山洞裡。他對一直與他要好的狐狸說：「你若要我健康，使我能活下去，就請你用花言巧語把森林中最大的鹿騙到這裡來，我很想吃他的血和肉。」

狐狸走到樹林裡，看見樹林裡玩耍的大鹿，便向他問好，並說道：「我告訴你一個好消息。你知道，國王獅子是我的鄰居，他病得很厲害，快要死了。他正在考慮，森林中誰能繼承他的王位。他說野豬愚蠢無知，熊懶惰無能，豹暴躁兇惡，老虎驕傲自大，只有大鹿才最適合當國王，鹿的身材魁梧，年輕力壯，牠的角使百獸懼怕……你一定會成為國王。這消息是我第一個告訴你的，你將怎樣回報我呢？如果你信任我的話，我勸你快去為他送終。」

經狐狸這麼一說，鹿被搞糊塗了，便跟著走進了山洞裡，絲毫沒有想過會發生什麼事

情。

獅子猛然朝鹿撲過來，用爪子撕下了他的耳朵。鹿拼命地逃回樹林裡……

狐狸辛辛苦苦白忙一場，他兩手一拍，表示毫無辦法了。獅子忍著餓，嘆息起來，十分懊喪。獅子請求狐狸再想想辦法，用狡計把鹿再騙來。狐狸說：「你吩咐我的事太難辦了，但我仍盡力去幫你辦。」

於是，他像獵狗似地到處嗅，尋找鹿的蹤跡，心裡不斷盤算著壞主意。狐狸問牧人們是否見到一隻帶血的鹿，他們告訴他鹿在樹林裡。

這時，鹿正在樹林裡休息，狐狸毫不羞恥地來到他的面前。鹿一見狐狸，氣得毛都豎了起來，說：「壞東西，你休想再來騙我了！你再靠近，我就不讓你活了。你去欺騙那些沒經驗的人，叫他們做國王。」狐狸說：「你怎麼這樣膽小怕事？你難道懷疑我，懷疑你的朋友嗎？獅子抓住你的耳朵，只是垂死的他想要告訴你一點關於王位的忠告與指示罷了。你卻連那衰弱無力的手一抓都承受不住。現在獅子對你非常生氣，要將王位傳給狼。那可是一個壞國王呀！快走吧，不要害怕。我向你發誓，獅子決不會害你。我將來也會專心伺候你。」

狐狸再一次欺騙了可憐的鹿，並說服了他。

鹿剛一進洞，就被獅子抓住飽餐了一頓，並把他所有的骨頭，肉和肚腸都吃光了。狐狸站在一旁看著，鹿的腦子掉下來時，他偷偷地拿過來，把它當作自己辛苦的酬勞吃了。獅子吃完後，仍在尋找鹿的那顆腦子。狐狸遠遠地站著說：「鹿真是沒有腦子，你不要再找了。他兩次走到獅子家裡，送給獅子吃，怎麼還會有腦子呢？」

♥「人心隔肚皮。」也許初次和人打交道的時候上當吃虧難以避免，但是，在被騙一次之後，如果不能「經一事，長一智」，不能記取教訓，再次上當受騙，就只能怪自己愚蠢了。

POINT

別被別人的讚美所迷惑

愛情是所有人類感情中最脆弱的一環。──（英）培根

一隻烏鴉飛到了雲杉樹的樹梢上，準備品嘗僥倖得到的一塊奶酪。本來牠正要張嘴開始享用美味，卻不知道想起了什麼，銜著奶酪站在樹梢上發呆。

不巧從近處跑來了一隻饑餓的狐狸，突然，誘人的香味使牠停住了腳步。狡猾的狐狸踮著腳尖走到樹下，目不轉睛地盯著烏鴉，用無比甜蜜的話語誇獎牠：「親愛的烏鴉，妳長得多麼美麗啊！看，那細長的脖子，明亮的眼睛，簡直跟童話裡描述得一模一樣！還有豐滿的羽毛，小巧的嘴巴，想必妳還有一副美妙的歌喉吧！為我高歌一曲吧，親愛的烏鴉，別害臊，別遲疑。既然妳長得如此美麗，又能唱得美妙動聽，妳可就成為了百鳥之王啦！」

烏鴉從來沒有被別人這樣誇獎過，此時被狐狸吹捧得暈頭轉向的，高興得連氣都喘不

過來了。為了答謝狐狸的讚美，烏鴉扯開嗓門，「呱」地大叫一聲，奶酪掉了下來，狐狸撿起奶酪，一溜煙兒地跑了。

♥ **釣魚的人總是要下餌。想占妳便宜的人，往往也會投妳所好，來迷惑妳，讓妳放鬆警戒，以方便他下手從妳這裡得到好處。所以，當有人無故讚美妳的時候，妳應該睜大慧眼冷靜思考，而不要飄飄欲仙，忘乎所以。**

POINT

老實的人常常被欺負

愛情需要薄薄的一層憂傷，需要一點點嫉妒、疑慮、戲劇性的遊戲。——（俄）瓦西列夫

老天爺最嚴厲的懲罰，自然界最可怕的災難——瘟疫在森林裡猖獗。死神在田野、溝壑和高山上橫行，像割草似的掃蕩著百獸，到處是犧牲者狼籍的屍體，那些倖存的野獸也危在旦夕，半死不活地到處遊蕩，恐懼使牠們完全變了樣。

在巨大的災難面前，牠們已失去本性：狼不再襲擊綿羊，像修士一樣本分；狐狸給雞以和平，躲在洞穴裡吃齋；鴿子和伴侶已經分居，而沒有愛情，還有什麼歡娛？

在這危急關頭，獅子招來百獸共商對策，野獸們蹣跚而來，虛弱得已經奄奄一息。在一片死寂中，牠們圍著獸王默默坐下，一個個驚恐地瞪著眼睛，豎著耳朵。獅子提議百獸們做自我懺悔，說出自己過去有意無意間犯的罪，並首先懺悔：「啊，我得承認，我有不對的

時候，儘管這讓我十分痛心！我曾無緣無故地把小羊吃了，為什麼？可憐的小羊那麼安分！有時候我還咬死牧羊人，所以我甘願獻身去當祭品。」

這時狐狸開口了：「啊，我們的獸王，仁慈的獸王！你由於過分仁慈，才把這也當成犯罪的事。如果我們一切都聽從怯弱的良心擺佈，到頭來個個都得餓死。請相信：大王肯賞臉吃掉小羊，那是牠的榮幸。至於那些牧羊人，我們應該全體向你磕頭，他們全都罪有應得。沒尾巴的人類並不聰明卻妄自尊大，還到處標榜他們是萬物的主宰！」

狐狸說完，一批諂媚者緊隨其後，學著同樣的腔調大唱讚歌。大家爭先恐後出來證明，獅王甚至連請求寬恕也大可不必。隨後，熊、豹、虎、狼也作了懺悔，照樣輕描淡寫地交代了各自的過失，而對牠們做的那些傷天害理的勾當，隻字不提。於是有著尖牙利爪的野獸不只清白，甚至純潔得像聖徒。

輪到溫順的母牛懺悔時，牠哞哞地叫道：「大約五年前的冬天，我們的食物缺少。我餓得實在受不了了，在一戶農家偷吃了一束乾草。」

話剛講完，大夥議論紛紛，熊、虎、狼高聲叫喊：「瞧，多麼可惡的強盜，竟敢偷吃人家的乾草。難怪天神要發怒，原來是母牛無法無天！應該將這個頭上長角的混蛋獻給天神當祭品，以懲罰牠的偷盜行為，從而挽救我們全體。我們遭受這樣的瘟疫，全是牠造成的！」

最後，眾獸一致裁決，把母牛扔到了火中。

「人善被人欺，馬善被人騎。」為人不可作惡，但是也不能過於老實，尤其是面對心存歹念之人的時候，否則就會常常充當「代罪羔羊」的角色。

POINT

借眾人的力量保護自己

愛情不會沒有暫時的冷卻，在人與人之間的關係中也不會不發生誤會。——（蘇聯）扎采賓

一天，一位姓李的小姐於台中街頭逛街，見一商販在吆喝著兜售一種看起來還不錯的皮外套，不由自主的停下來看看。這個小販立即十分熱情地遞過來一件：「小姐，真皮的，包妳滿意。」

李小姐仔細一瞧，不像是真皮的，準備退給小販，但小販卻再三勸其試試看，並說：「要不要沒有關係，穿看看合不合身。」

見對方如此熱情，李小姐試穿了一下，並隨口問了一句：「多少錢？」

「本來是四千元的，妳要就三千五百元吧！」

李小姐笑道：「你這並非真皮，怎麼這麼貴。」

小販的臉一下子由晴轉陰：「呃，這個妳可別亂說，這裡燈光不好，妳買回去絕對值回票價。」

李小姐脫下外套說：「這你騙不了我。」

小販說：「那妳出多少錢？」

「不是真皮的，我不要。」

這下小販可火大了：「妳說不要就不要！今天我還沒有開張，這不觸了我的楣頭嗎？不行，今天說什麼妳也得買！」

李小姐也不是好惹的：「我為什麼就一定得買？」

「妳不要，那妳為什麼要試穿？」

「不是你再三讓我試穿的嗎？」

「那是為了叫妳買，妳又為什麼不買？」

「這可是兩碼事，難道試了就一定要買嗎？既然試試就一定要買，那還有什麼試試可言。」

小販依然強詞奪理：「既然不買，那妳為什麼要問價？」

李小姐道：「問問價，並不等於我就要買。我之所以要問，僅是想看看這種假貨，你究竟要騙顧客多少錢。」

小販一下子大吼起來：「喲，今天輪到妳來教訓我了，實話告訴妳，這外套，妳買也得買，不買也得買。」

李小姐這下意識到碰上一個強買強賣的「無賴漢」了，自己一個弱女子，孤身一人和他爭論，肯定不會有什麼好結果，她看看身邊漸漸多起來的人潮，突然想出一個好主意——借借眾勢，助助言威。於是她的嗓音一下了提高了幾倍：「大庭廣眾之下你能把我吃了不成！現在沒有法制了嗎？不用講理了嗎？」

接著，李小姐面向眾人把事情的真相講述了一番，然後用充滿誠懇、信賴和期望的口吻對大家說：「我相信各位都是公正的，誰是誰非，請大家來評評。」

「這是我和他的事，用不著別人來插手。」小販猙獰地說。

李小姐馬上搶過話，不無揶揄地笑道：「路見不平拔刀相助，這是一種俠義。你蠻橫無理，還不許別人說話，真是欺人太甚了。」

這下，群眾的火果然被煽起來了。一位中年人首先開口：「買賣自願，這是自古以來的公理，你怎麼強迫別人買你的東西呢？」

一位婦女說，「做生意就應該公平講理。既然你讓別人試，就可能會滿意，可能會不滿意，試了就得買，問了價就得買，有這樣做生意的嗎？」

一位老先生也說話：「年輕人，和氣生財。你這樣吵吵鬧鬧的，誰還敢到你這裡買東西啊！」

……

眾人七嘴八舌，說得小販像洩了氣的皮球，從李小姐手中接過外套，垂頭喪氣的走了。

♥女性在體力方面的確顯得弱小一些，但是，妳可以充分利用自己的智慧，借助別人的力量，以保護自己的基本權益，戰勝那些心術不正的人。

POINT

令人暈眩的奉承

愛的能力看來是大自然賦予我們的，實際上，正是這種愛情使我們接近自然界。——（蘇聯）扎采賓

年輕的女演員艾麗剛進演藝圈不久便快速的竄紅，觀眾們使勁鼓掌，吶喊嘶吼，簡直像發了狂。影迷們把鮮花朝臺上扔去，喊叫著：「艾麗——艾麗——」

一個聰明非凡的崇拜者想穿過人群擠上臺去，但給工作人員攔住了。於是他又向門上寫著「閒人莫入」的入口衝去，一下就不見了。

艾麗這時正坐在演員化粧室裡，心想：「啊！我期望的正是這樣的場面啊！激動人心，以自己的魅力使人們變得熱情起來……」

這時，有人敲門。

「誰，」她說，「請進。」

一個人飛快地走了進來，這就是那位聰明的影迷。他的動作是那麼迅速，艾麗甚至連他的臉都沒有看清。

這個人撲通一聲跪在她面前，囔囔著說：「我是妳最忠實的影迷……」他撿起扔在地上的一隻皮靴就一個勁兒地吻起來。

「對不起，」女演員說，「那不是我的皮靴，那是男主角的……這才是我的。」

影迷又瘋狂地抓起艾麗的皮靴。

「還有一隻……」影迷跪在地上一邊爬一邊嘶啞地說，「還有一隻呢？」

「天哪！」艾麗暗自想，「他是多麼崇拜我啊！」她於是把另一隻皮靴也遞給他，怯生生地說：

「在這兒……那個是我的束腰帶……」

影迷抓起皮靴和束腰帶，非常慎重地把它們貼在自己胸前。

艾麗仰面坐在扶手椅上，她想：

「天哪！魅力是多麼驚人呀！它使人抑制不住自己的感情……成功了！」

「是多麼受歡迎啊！影迷闖到後臺來，吻我的靴子……！」

她越想越激動，連眼睛都閉上了。

「艾麗！」導演喊了起來，「上場！」

艾麗猛地醒了過來。影迷和皮靴都不翼而飛了，後來才查清楚：除了皮靴和束腰帶以外，化粧室還遺失了一盒化妝品、假髮。最可怕的是，男主角的一隻皮靴也不見了。

那個影迷沒有找到另外一隻。另外一隻在扶手椅底下。

♥愛美之心，人皆有之。作為女人，喜歡被別人奉承和有一點兒虛榮之心是難免的，但要適可而止。記住：過分追求虛榮的人常常要付出代價；被人奉承的時候要保持冷靜。

POINT

接受老公的本來面目

未亡人的愛是殘缺的痛苦，夫妻之間的愛只是一種習慣。──（挪）易卜生

甄妮有兩個孩子和一個長期以來一直醉醺醺沒工作的丈夫。大部分時間都靠她在百貨公司上班賺錢養家。她的丈夫真的是有一些問題，她迫切地希望改變丈夫。

她用盡方法想讓丈夫戒酒但均告失敗，無一能持久。出於特殊的宗教原因，她不想和丈夫離婚；但同時，她覺得自己不能接受他那種樣子。既然她無力改變他，她的痛苦和失望也就越來越深。

後來，有一天她在婚姻生活中突然有了醒悟。「我根本就沒辦法改變我的丈夫，解決不了他的酗酒問題，」她告訴自己，「但那是他的事，不是我的事。我無力改變他，也不能解決他的問題。我不能替他過活。他是個病人，是個酒鬼，當下我馬上就放棄努力讓他戒酒

的想法。從現在開始，我不再為他的問題來折磨自己。事情是怎樣，我就怎樣接受。

「我當然會照顧他，因為他是我丈夫，無論如何我都愛他，但我不會再嘗試改變他了。我將按他的本來面目接受他，並在這種條件下，盡我所能把自己和孩子們的生活安排好。」

她最終還是向自己承認她無力改變丈夫。她的醒悟為自己和孩子們都創造了奇蹟。這種醒悟沒能讓丈夫把酒戒掉——只有他自己可以戒。但是，除了他仍酗酒外，太太和孩子們又都回到以前正常和幸福的日子。

♥ **丈夫難免會有不同的缺點。身為丈夫的另一半必需瞭解到妳不可能改變妳的丈夫，但妳卻能幫助妳自己脫離困境。妳一生中可以改變的只有一個人，那就是妳自己——別無他人。事實上，只有接受另一半原來的樣子，妳的婚姻生活才能幸福快樂。**

POINT

重視老公的需要

愛情必須時時更新、生長、創造。——魯迅

有一個非常好的女人，從結完婚後就努力維持一個幸福美滿又溫馨的家。她會在清晨五點鐘就起床，為一家大小做早餐；每天下午，她總是彎著腰刷鍋洗碗，家裡的每一個鍋碗都非常的光亮潔淨且排放的的非常整齊；晚上，她跪著認真地擦地板，把家裡的地板擦的一塵不染比別人家的床還要乾淨。

有一個非常好的男人。他不抽菸、不喝酒，工作認真踏實，每天準時上下班。他也是個負責任的父親，經常督促孩子們做功課。

按理說，這樣的好女人和好男人組成一個家庭應該是世界上最幸福的了。

可是，他們卻常常暗自抱怨自己的家庭不幸福。常常感慨「另一半」不瞭解自己。男人悄悄歎氣，女人偷偷哭泣。這個女人心想：「也許是地板擦得不夠乾淨，飯菜做得不夠好吃。」於是，她更加努力地擦地板，更加用心地做飯。可是，他們兩個人還是不快樂。

直到有一天，女人正忙著擦地板，丈夫說：「老婆，來陪我聽音樂。」女人想說：「我還有……事沒做完呢！」。可是話到嘴邊突然停住了——她突然明白世上所有「好女人」和「好男人」婚姻悲劇的根源。她感受到丈夫要的是她的人，他只希望在婚姻中得到妻子的陪伴和分享。

刷鍋子、擦地板難道要比陪伴自己的丈夫更重要嗎？於是，她停下手上的家務事，坐到丈夫身邊，陪他聽音樂。

令女人吃驚的是，他們開始真正地彼此需要，以前他們都只是用自己的方式愛著對方，而事實上，那也許並不是對方真正需要的。

♥在生活方面成功的女人往往都非常重視家庭，她們知道，家的感覺最重要的是來自於家人所給予的愛和溫暖。即使地板有一些髒，飯菜有一點兒難吃，只要自己重視這個家，重視自己丈夫的需要，就能夠讓他為這個家付出一切。

POINT

老公愛妳有幾分

愛情絕不走中間路線，它不幫助人便陷害人，人的整個命運便是這兩端論。這個非禍即福的兩端論，在人的命運中，沒有什麼比愛情奉行得更冷酷無情的了。

愛情是生命，如果它不是死亡。是搖籃，也是棺木。同一種感情可以在人的心中作出兩種完全相反的決定。——（法）雨果

同事小玉把一本雜誌往小燕的辦公桌上一攤，說：「開始勾選答案吧！看妳老公愛妳有幾分。」她逐條對下去，沒有，沒有，還是沒有。她的眼睛越瞪越大，心越跳越快，按雜誌上所說，老公非但不愛她，簡直無視於她的存在！

老公會在她生日時送鮮花給她？小燕想：如果他能記得她的生日，他那天肯定是吃錯葯了。寫情詩？笑話！除了化學方程式，小燕都懷疑他還會不會寫國字。談戀愛時，他都從

來沒有說過「我愛妳」，她想留點情書情詩作紀念都無從找起，更何況現在已經老夫老妻了，他那會來個什麼意外驚喜呢？營造愛的氣氛？見鬼咧！小燕還記得結婚前她到外地出差，回來時特意給他買了件T恤和一條真絲手繡手帕，當她含情默默地把東西送給他時，他高高興興地把T恤收下了，然後翻弄著那條手帕說：「這麼薄，這麼小，能擦鼻涕？」氣得她差點吐血。

下班時，小燕對雜誌上所做的總評還是耿耿於懷，心想回家後該懲罰懲罰老公。

晚上，她故意不做飯，看著電視等老公回家。他倒毫不在意地拉著她到附近餐廳吃餃子。

「這裡的餃子哪有妳包得好吃？」老公吃著盤子裡的餃子一臉痛苦地說。

「想吃我包的餃子啊？」小燕湊近問他。

「當然，我就愛吃妳包的餃子。」

「告訴妳，想都別想！」她拋下老公氣呼呼地走了。

躺在床上翻來覆去，小燕還在想：老公是不是愛我？

老公推門進來：「小燕，快起來，起來吃烤地瓜。我知道妳也吃不慣外面的飯，瞧，這還是妳最愛吃的紅肉地瓜呢！」他兩手倒提著一塊烤地瓜，燙得齜牙咧嘴。

看著老公那憨厚的樣子，小燕笑了。愛，豈是幾個問題能概括得了的。

♥ 不要相信「幸福的家庭都是類似的」。每個人表達愛的方式和習慣都不一樣，老公對妳的愛需要妳用心去感受，而不是刻意的四處去比較和批評。

POINT

嘴甜的男人是不值得妳愛

靈魂是何等悲傷，當它為愛而悲傷！不見那獨自充塞天地的人，這是何等的空虛！呵！情人成上帝，這是多麼真實。

人們不難理解，如果萬物之父不是明明為了靈魂而創造宇宙，不是為了愛而創造靈魂，上帝也會要傷心。——（法）雨果

從熱戀一直到步入婚姻的殿堂，丈夫從未對小香說過「我愛妳」之類的甜言蜜語，對此，她一直耿耿於懷。

起初是採用啟發教育式，說哪個同事的先生怎樣讚美她的太太，哪個同事的先生在情人節都會送花，哪個同事的先生怎樣惦記著她太太的生日等等，目的是想讓他受點愛的教育，啟發點醒他。

可是他並不以為然，還說人家阿諛奉承不實在，花言巧語的男人不可靠。

小香看敲邊鼓不行，就用激將法，抱怨和他過的日子就像幾十年的老夫老妻生活，如同一潭死水，一點兒波瀾都沒有。他說：「日子就是這樣。」她若認真起來賭氣不理他，他會十分生氣地說她找碴，無理取鬧，更別想讓他說些好聽的話來哄她了。

小香實在沒轍了，只好單刀直入地問他：「你到底愛不愛我？」他笑而不答。她氣極了，發表「嘴巴不光是用來吃飯」的言論，但是他仍然不屑一顧，還笑她中電視劇的毒太深。氣得她發毒誓：「如果有哪個男人對我表明心意，說他愛我，我就嫁給他！」

他急了：「這麼熱的天，我連口水都顧不得喝，急急忙忙地幫妳去買炸雞，妳還說這種話！妳走吧！看看有誰能對妳這麼好，天天說愛妳的，說不定哪天就把妳給賣了。」

仔細想想還真是有這麼回事，丈夫對她真的是挺好的。小香的工作午休時間短，丈夫每天中午休息時間總是急急忙忙趕回家為她做飯，好讓她多休息一會兒；每次出差前，他總會先幫她燉好排骨、雞湯再放在冰箱裡，恨不得買塊大餅掛在她的脖子上，就好像「好不容易娶到家的媳婦，生怕餓死了……」

想起他對自己種種的好，小香也自覺理虧，但還是不甘心：「說那三個字就那麼難？

心中有愛為什麼不說出來呢？」他振振有詞：「愛是表現在日常生活中，而不是用花言巧語來過生活。」

♥「卿卿我我難長久。」只有嘴甜的男人是不值得妳愛的，人無完人。做得好總比只耍嘴皮子的強。嫁個不會説愛的老公並沒有什麼好遺憾的，只要彼此心中有愛，隨時採取愛的行動，就足夠了。

POINT

話說的越來越少的老公

相信愛情，即使它給你帶來悲哀也要相信愛情。——（印度）泰戈爾

結婚以後，小美發現過去還算健談的老公，愈來愈少講話。晚上回家，吃完晚飯，就是看電視、看報紙。當小美想和他聊天，他總是一邊看報，嘴巴隨意地吐出「嗯，喔，哦？好！」等幾個單字來回答。

小美也常埋怨老公，下班回家看到一歲半的女兒時，也不懂得多和女兒說話，只會把女兒抱起來，說：「哦！好乖，好乖。」兩句，就把女兒放下來。

有時老公心情較好時，會再加問女兒一句：「妹妹，妳吃飽了沒有？」小美看了又好氣又好笑，女兒才一歲半，問她「吃飽了沒有」幹麼？她又聽不懂。

「唉，我老公在家話愈來愈少，問他話，他都是愛理不理。以前新婚蜜月期，浪漫有

情調，話少時還可以說是『無聲勝有聲』，可是現在啊！晚上跟他說話，三十分鐘的話，有二十五分鐘都是我在講。」小美在電話中向友人抱怨。

「那還不錯嘛，至少他也講五分鐘啊！」友人說。

「什麼他講五分鐘？那五分鐘是我講累了，我在休息啊！」小美回答。

有一次，老公的公司舉辦兩天一夜的員工旅遊活動。旅遊當晚，小美看到平常在家都不太講話的老公，竟然與同事講得口沫橫飛、談笑風生，大家的談話焦點都在老公身上。而老公也「唱作俱佳」的講黃色笑話，講到激昂高亢時，也會拍桌，哈哈大笑。

小美在旁看傻了眼，從來不在她面前唱歌的老公，竟然也會高歌一曲《男兒當自強》……小美困惑了，是不是老公不再喜歡自己了？

♥ **在社交場合，男人要依靠說話來鞏固自己的「身份」與「地位」。所以，公開場合可以說是男人舞臺的「前臺」，他必須盡可能地會「說、唱、逗、笑」，來突顯自己的才能，以期獲得他人的矚目與肯定；回家以後，男人就累了，他覺得由「前臺」返回「後臺」，可以不必滔滔不絕了。他的沈默寡言只是想休息一會兒，並不表示和妳沒有共同語言。**

POINT

帶刺的玫瑰

戀愛，在它超凡的真意上說，能將一切情感超脫於卑污的塵世圈子；我們和一個天使結合起來，他不斷地把我們向天堂升舉起來。——（法）雨果

曉娟如願以償地嫁給了一個善解人意的丈夫。曉娟為此得意了好些日子。因為不管她有什麼需求，只要一舉手或一投足，老公都能像「賢夫良父」一般對她百般關照。她覺得老公就是她心裡理想的白馬王子的化身，自己也該知足了。

有一天女同事的桌上多了一束紅豔欲滴的玫瑰花，是她的男朋友送的生日禮物。曉娟在羨慕之餘，心裡卻嗤之以鼻：「哼！炫耀什麼，不就是束花嗎？太簡單了！我老公沒有什麼想不到、做不到的。」於是，她心裡念念不忘著自己即將到來的生日。等著以生日的理由接受老公送來的玫瑰花，她把玫瑰花當作自己過快樂生日的標準了。

終於等到了這一天，早上去上班前，老公果然神神祕祕地說：「今天是妳的生日，晚上我一定會給妳一個驚喜。」

什麼驚喜？還用說嗎？曉娟期盼著晚上老公能送她一束那芳香四溢的玫瑰花，心裡竟泛起微微的醉意。然而事與願違，老公晚上竟然拎著幾隻橫行霸道的大閘蟹回來！

曉娟一看，萬念俱灰，吼道：「妳說要給我驚喜，怎麼竟然是大閘蟹？我不要大閘蟹，我要玫瑰花！」

老公說：「我給妳最愛吃的清蒸大閘蟹，這可比那帶著刺紮人的玫瑰實惠多了。」

「可是玫瑰才是愛的象徵呀！大閘蟹也象徵愛情嗎？」

老公好說歹說也沒有把曉娟說服，後來老公口乾舌燥，什麼話也不說了，倒是曉娟喋喋不休地嘮叨了一個晚上。不但生日沒過好，飯沒吃好，就連覺也沒睡好。原因很簡單，她把玫瑰當作自己生日中唯一理想的禮物，而不考慮老公所付出的真心和如何表達他的真心。

♥男人表達感情的方式有許多種，我們應該重實質，看內涵，而不應該在表面形式上太任性，過分斤斤計較，否則就容易造成不愉快。

POINT 需要愛

愛情既是友誼的代名詞，又是我們為共同事業而奮鬥的可靠保證，愛情是人生的良伴，你和心愛的女子同床共眠是因為共同的理想把兩顆心緊緊繫在一起。——（英）法拉第

蓉蓉嫁給小薛時已三十歲，他們在結婚兩年多後有了小寶寶。因為結婚晚，分娩時她屬於高齡產婦。一個病房中的其他媽媽都二十出頭，只有她整天擔心自己的孩子生出來不健康、不如別人的孩子聰明。也許是怕什麼來什麼，她越擔心越不順利，孩子難產，好不容易母子倆撿回了兩條命。生活中突然多出一個小生命要依靠她，況且得來不易，蓉蓉總覺得壓力特別大，深怕有所閃失。白天小薛上班，蓉蓉一個人在家照顧孩子，她一分鐘也放不下，才剛走開就覺得孩子要掉到地上了；寶寶一哭，她馬上去抱起來；晚上小薛下班回來後負責看著孩子，蓉蓉去廚房做飯，也不放心，一兒就進來看一看。因為他們大學畢業來到這個城

市，沒有親戚朋友，成家後，由於居住條件和生活條件有限，孩子出生後他們遠在家鄉的父母也沒法幫忙，只能是夫妻兩個人手忙腳亂的照顧小寶寶。

一開始小薛看到蓉蓉每天抱著孩子餵奶、哄著睡覺，在寶寶好不容易睡覺的時間又急急忙忙地洗衣服，覺得這種畫面很溫馨。而且發現她不再穿從前的性感睡衣，改穿純棉的普通睡衣，覺得她活脫脫的就是一個盡職的母親，心裡也感到很安慰。

可是孩子來了，生活中原來的一些節目就隨之消失了，原本平常得不能再平常的聽聽音樂、散散步、看看電影之類的事情，蓉蓉都沒有興趣了。最可怕的是自從有了孩子，蓉蓉根本就沒有和小薛一起睡過。因為不放心讓孩子在小床裡睡，所以只能睡在大床上，而兩個大人一個孩子一起睡又怕壓到孩子，所以小薛只能睡在另一個房間的單人床。小薛想和蓉蓉親熱一下，不是蓉蓉累得一點興趣都沒有，就是孩子恰巧在這時哭鬧。久而久之，在有孩子以後，這對夫妻基本上就沒什麼性生活了。一開始是實在太累，家務事和工作使他們兩個人都精疲力竭；再到後來是孩子大點了，可以一個人睡小床了，可是又總在不該出現的時候出現，瞪著一雙天真的大眼睛看著妳，說媽媽我要什麼什麼、爸爸我要怎樣怎樣，總之每次搞得他們都像做賊一樣；再到後來，偶爾有一次反倒有點不習慣，每次都像例行公事，草草了之。

小薛有時想，還不到四十歲，他們就過著如此清心寡慾的生活是不是太不人道了。每天和他同床共枕的已不再是當年那個穿著性感睡衣，溫柔可人的女人了，真可惜那樣的日子他也只過了一年。現在出現在他面前的不是個妻子，只是個母親，她眼裡除了孩子什麼也裝不下。可是蓉蓉卻覺得這沒什麼，他們的孩子一天天長大了，他們之間有的更多的已不是激情，而是濃濃的親情，她很滿足。

♥正在撫育孩子的母親們，不要忽視了丈夫的正常需求。女人不應忘記，妳在做母親的同時還是妻子，孩子需要愛，丈夫也同樣需要。為了孩子冷落丈夫是危險的。

POINT

別成為「疲憊不堪」的女人

愛情，這不單是延續種屬的本能，不單是性欲，而且是融合了各種成分的一個體系，是男女之間社會交往的一種形式，是完整的生物、心理、美感和道德體驗。只有人才具有複雜而完備的愛情。——（俄）瓦西列夫

五十六歲的丈夫傑禮認為，為了使夫妻之間保持一種良好健康的關係，每周至少應該做愛三次；可是他四十六歲的妻子蒂娜卻認為每兩周或三周做愛一次或兩次是一種健康的關係。於是，蒂娜向勞拉博士諮詢，究竟誰的主張健康。

蒂娜說明情況之後，她和勞拉博士之間有如下的一段對話：

勞拉博士：「妳曾經有比現在更喜歡做愛的時候嗎？」

蒂娜：「嗯，並不是我不喜歡做愛，我和傑禮剛結婚那陣子，我們做愛的次數很

多。」

勞拉博士：「但是現在怎麼啦？是不是覺得厭倦了？」

蒂娜：「也許有點兒厭倦。但是，更重要的是，我非常疲倦。」

勞拉博士：「蒂娜，這是一種不負責任的藉口。讓妳自己保持健康舒適因而可以和丈夫廝守，這是妳應盡的義務。妳不能每天口口聲聲說自己「累死了」，而要丈夫接受這樣的觀點，在他生活中這個重要的、充滿柔情蜜意的部分就是由妳一時的興致來控制。妳有義務不要總是太累。所以，妳要小睡一會兒、吃更多的蛋白質、持續的吃維生素。如果妳總是『太累』，會給他造成什麼影響呢？如果他說：『我太累了不想再工作了』，妳感受如何呢？妳們雙方對彼此都有必需要盡到的義務，其中一個不應該總是太累。這是一種不能被人接受的藉口。那麼我問妳，做愛已經變得乏味，妳做了些什麼來改善這個問題呢？」

蒂娜：「我做了些什麼？」

勞拉博士：「是的，蒂娜。妳做了些什麼來改善這個問題？」

蒂娜：「為什麼一定是我要做些什麼呢？」

勞拉博士：「因為妳是做愛的兩個人中的一個。」

蒂娜：「嗯，有時候我點蠟燭，但是我所抱怨的是，在上班時間我們倆都有高難度的工作要做。」

勞拉博士：「蒂娜，妳丈夫可沒有抱怨他的高難度的工作使他忽視妳冷落妳。任何女人如果允許她自己把時間花在別的事情上，妨礙她與丈夫之間的愛情和親密，這就像一個傻瓜所做出的行為。妳的行程安排太緊了，應該改變改變。妳對婚姻之外的事情承諾太多了。這使得妳對兩人世界的親密產生了反感和消極的態度，要知道這種親密可以給妳帶來多麼大的快樂和幸福。同時，男人也需要在做愛方面從女人那裡獲得讚許、接受和愛慕。」

蒂娜：「是啊。」

勞拉博士：「所以呢，那是妳的義務。不要把自己整個人都耗在工作上。」

蒂娜：「是的，我把自己耗在了辦公室……」

勞拉博士：「妳嫁給他是因為妳愛他，想要他過得幸福。」

♥**事實確實如此。如果妳認為生命中最重要的事情就是扮演一個工作狂的角色，妳很可能在大部分時候會感到疲倦，而且妳會討厭那些妳應該對丈夫和孩子盡到的義務。可是，正是這些義務可以**

第一個把妳從極度疲勞的感覺中拯救出來。我們並不是主張結了婚的女人不應該工作，也並不是說沒有一個有效的方式能夠使人在家庭之外發揮個人的創造力和特殊天賦。但是，如果有任何事情妨礙了家庭，那麼這件事情就必須要調整或者取消。

POINT

家不是講理的地方

愛情是聰明的大自然為每個生命製造的一種甜蜜的結局，為的是傳宗接代。——（蘇聯）扎采賓

有一對夫妻，兩個人平日相處融洽，恩恩愛愛，可是一旦吵起嘴來誰都不讓步，而且還有個不言而喻的默契：吵嘴後誰也不先找誰說第一句話，誰先說話就意味著誰輸，有理也算輸。

有一天晚上，夫妻倆已上床就寢。不知怎麼，兩人為家庭的一件瑣事吵嘴。吵到厲害時，妻子氣呼呼地踹了丈夫一腳說：「滾，滾到沙發上去睡。」半夜，風雨大作，天氣驟涼。妻子再也無法入睡，她暗暗心疼丈夫了。睡在沙發上什麼也沒蓋會不會著涼？妻子抱起一床毛毯走到客廳一把推醒丈夫。自己也不說一句話，把毛毯往桌子上一放就回臥房去。第二天早晨，妻子起床一看，丈夫還躺在沙發上呼呼大睡。毯子原封不動地放在桌子上。妻子

火冒三丈，擰住丈夫的耳朵，罵道：「你真笨，幹麼不蓋毯子？」丈夫被擰得哎哎亂叫，還嬉皮笑臉地說：「嘿嘿，毯子是我剛剛疊好的。」妻子氣呼呼地又問：「為什麼要花招？」

丈夫仍舊笑模笑樣地說：「我想……想讓妳先說第一句話。」

家是講情的地方，不是講理的地方。和自己的另一半鬧彆扭，沒有必要非爭個你高我低不可。互相關愛、互相妥協才是維持美滿婚姻的上策。

POINT

享受還握在妳手裡的東西

為品德去眷戀一個情人，是一種很美的事。——（古希臘）柏拉圖

村子裡有一對清貧的老夫婦，有一天他們想把家中唯一值點錢的一匹馬拉到市場上去換點更有用的東西。老頭子牽著馬去趕集了，他先與人換得一頭母牛，又用母牛去換了一隻羊，再用羊換來一隻肥鵝，又把鵝換了母雞，最後用母雞換了別人的一大袋爛蘋果。

在每次交換中，他都想給老伴一個驚喜。

當他扛著大袋子來到一家小酒店歇息時，遇上兩個英國人。閒聊中他談了自己趕集的經過，兩個英國人聽得哈哈大笑，說他回去准得挨老婆子一頓揍。老頭子堅稱絕對不會，英國人就用一袋金幣打賭，於是，三人一起回到老頭子家中。

老太婆見老頭子回來了，非常高興，她興奮地聽著老頭子講趕集的經過。每聽老頭子

講到用一種東西換了另一種東西時，她都充滿了對老頭的欽佩。

她嘴裡不時地說著：「哦，我們有牛奶了！」

「羊奶也同樣好喝。」

「哦，鵝毛多漂亮！」

「哦，我們有雞蛋吃了！」

最後聽到老頭子背回一袋已經開始腐爛的蘋果時，她同樣不慍不惱，大聲說：「我們今晚就可以吃到蘋果餡餅了！」

結果，英國人輸掉了一袋金幣。

♥不要指責丈夫所犯的、已無法挽回的錯誤，不要為失去的一匹馬而惋惜或埋怨生活，最重要的是，享受還握在妳手裡的東西，這樣生活才能妙趣橫生、美滿幸福，而且，妳還有可能獲得意外的收穫。

POINT

別讓男人聽妳訴苦

愛情永遠不會是在它實現時的既有體驗。愛情從來就既是令人激動的回憶，又是明快清澈的期待。——（俄）瓦西列夫

孫婧結婚三年多，身材也稍微走樣些。有一天，她要參加大學同學會，打開衣櫃，似乎找不到合適的衣服。孫婧找了一件洋裝，問了老公：「這件我最喜歡，以前買的，挺貴的，妳看我穿這件好不好？」

「好啊！那就穿這件去吧！」老公說。

「可是，我好像變胖了，穿這件會不會不好看？」

「還好，怕太胖的話，就換一套嘛！」

「可是這件質感這麼好，這麼漂亮，不穿挺可惜的！」老婆捨不得地說。

「好啊，那妳就穿啊！反正人家也不會注意妳那麼多！」老公淡淡地說。

「可是看起來胖胖的，多丟臉啊！同學們都會笑我怎麼一下子就變胖了？」

「好嘛，妳怕人家笑，妳就換一件嘛，妳的衣服不少啊！」老公開始不耐煩了！

孫婧一直看著身上穿的那件質感好、又貴、又漂亮的衣服，說：「其實，好像也還好，並不會太胖，我懶得換了！」老公在一旁聽了，不耐煩了：「妳到底要不要換嗎？囉囉唆唆的！一會兒換，一會兒不要換，妳煩不煩啊！」

孫婧也不示弱地回敬：「老公，你凶什麼凶啊？你很笨！你不會說我沒有變胖嗎？笨！」

「可憐無知」的老公很無奈、無辜、又無助地說：「從頭到尾都是妳一個人嘀嘀咕咕地講，我只不過是附和妳幾句話而已！」

有時候，女人的訴苦、她的埋怨，只希望親密的人耐心傾聽，或希望對方能理解自己的心情和苦衷就可以了；然而，男人的思路卻常傾向於「解決問題」，向他訴苦的時候，他的回應只是想尋求解決的辦法，絕不是不願聽妳訴苦。當然，如果我們能少向男人訴些苦，生活就會更和諧。

POINT

用撒嬌對付發火的老公

愛情，好比一隻貴重精緻的玻璃花瓶。它對溫度的變化十分敏感。不能一會兒置於嚴寒中，一會兒放在高溫下。

否則，它將佈滿不易察覺的裂紋，一旦輕輕一碰，便突然變為碎片，再也不能使它復原。

——（俄）列昂尼多娃

大雙和小雙是一對雙胞胎兄弟，他們與生俱來的脾氣非常相似。成年後，兩個人都找到了心儀的女孩子，一前一後地都結婚了。

大雙的妻子是個公務員，在衛生局工作，是個名副其實的女強人。可是讓大雙的父母頭痛的是，這個兒媳婦性格太倔強，從來不服輸，遇到他們這個牛脾氣兒子，兩個人三天一小吵，五天一大吵。每次吵完後，媳婦總是摔門而去，住飯店成了家常便飯。雖然事後大雙還是會去接她回來，可是兩老是過來人，看著他們這麼鬧下去，總覺得不太踏實。

小雙的妻子是名校畢業的碩士，在一所明星中學教書，每個月的薪資比小雙多二千多。據說她在學校管孩子很威嚴，所以，她的公婆老兩口在他們結婚時就跟著提心吊膽。他們想：大兒媳婦那麼厲害，小兒媳婦也不是「省油的燈」，小雙和他哥的脾氣差不多，看來打架的日子還在後頭呢！誰知小雙一晃眼結婚已一年多了，小夫妻倆連臉都沒紅過。二位老人家原以為是小雙比大雙強，結婚以後脾氣改了。

一次偶然的機會，讓老兩口明白了，原來不是兒子變了，而是小兒媳婦比大兒媳婦有辦法。

有一次，二老在小雙家吃飯，小兩口為了一件事鬥嘴一直僵持不下。小雙覺得自己的父母在場，太沒面子了，於是急了，伸出手想打老婆。兩老一看，剛想喝止兒子，結果卻看到兒媳已經變了一副面孔，一掃剛才針鋒相對的勁兒，把嘴一嘟，一臉壞笑地說：「說好了說不過時不許耍賴的，當著爸媽的面你還想賴。你要是打我，你得打得輕點，不許打嘴巴，不然我和爸媽一起打你。」然後就仰著臉、閉著眼睛等著了，也不管當時公婆在場。結果火大的小雙看到妻子這樣，想想自己沒理，爸媽又不會饒了他，只好笑了，輕輕拍拍她的肩，說：「是我錯了，大人沒大量，欺侮小孩子了，下次不敢。」就這樣，一場家庭戰爭在硝煙剛起時就煙消雲散了。

天下沒有比水更柔弱的東西了，但是任何堅強的東西也抵擋不住它，改變不了它。

♥女人當然比男人更容易具備水的個性，撒嬌就是這個性中的一個。無論妳的老公是一塊石頭還是木頭，終究有被水滲透的時候。女人身上最具「殺傷力」的武器之一就是撒嬌，撒嬌不是蠻不講理，撒嬌是用以柔克剛的原理把自己的優勢掩蓋，以弱勢來麻痹男人，讓男人把妳當成他生命中最柔軟的那一部分，好好愛惜、心甘情願地好好待妳。

POINT

不必漂亮也能讓老公著迷

當愛情還沒有具備感情交流穩固形式時，相互的吸引力可以說和情侶之間的地理距離成反比。——（俄）瓦西列夫

小葳是一個個子不高，長相和身材都很普通的女孩。從小到大從來沒有人誇過她漂亮，在家裡她是公認的醜小鴨。

可是小葳有一個特點，就是人長得雖然不出眾，但從來都不缺男孩喜歡。無論是在學校還是在工作單位，周圍都經常有許多英俊瀟灑的男孩圍著她轉，而對那些比她漂亮許多的女孩反倒不屑一顧。這讓她的朋友們都非常不能理解，大家找不到答案，就只好承認男人欣賞女人的眼光和女人欣賞女人的眼光是不一樣的。甚至有些女孩私下會說那些男孩都瞎了眼。但無論怎樣，小葳還是在工作單位和學校的眾多女孩中第一個結婚，找了一個穩重踏實

又愛她如己的老公，愛情和婚姻都一帆風順。

小葳一直都知道自己是怎麼也進不了漂亮的行列了，所以她也放棄了去與其他女孩子比美的想法，而是更努力地去觀察別人。她發現漂亮的女孩在男孩面前不是蠻橫傲慢，就是裝模作樣，反正總是想盡方法來顯示出與眾不同，想以此來吸引異性的眼光。可是，男孩子其實不怎麼注意女孩子的這些舉動，但卻經常會對女孩不經意的流露出的天真感興趣。

於是，小葳開始運用自己身上不經意就會流露的天真來吸引男孩，她說她從來不像其他女孩那樣花枝招展，而總是以一副小女生的清純模樣出現。

當大家在一起時，她從來不像其他女孩子那樣在男孩面前逞強，儘管她心裡也非常明白，但卻從來不說出來，而總是表現出一副天真無邪的樣子。結果這一招無往不利，她更加利用了自己身材矮小的優勢，讓男孩和男人們總是認為她是個小女孩，而從內心燃起一股強烈的保護慾望。

在婚姻生活中，小葳說她總是會適當而又不失分寸地和老公撒嬌，但絕對不會無理取鬧。她說在老公的眼中她永遠是個小妻子，其實如果遇到老公出差或者不在的情況，她也能輕鬆地解決家裡的問題，而從來不用他擔心。

♥想讓老公愛妳，就要讓他知道妳哪裡可愛。夫妻間要注重將自己美好的一面呈現給對方。男人無非就是想要一個溫柔可人、相處起來不累、相愛起來不難的女人罷了，有時真的與身材和長相無關。

妳要全力以赴地先愛上自己，相信自己能把握住自己的婚姻，那麼無論在誰眼裡，妳都是世界上最可愛的女人。

POINT

做個「女孩子」

愛情往往是人們長時間的、有時甚至是在使夫妻雙方都難以接受的相互揣度、試探中發展起來的。

——（蘇聯）扎采賓

有位婦女要一位專家列出關愛和滿足丈夫的一些原則。專家列出的第一條就是：做個「女孩子」。聽起來很簡單，不是嗎？顯然，妻子是女性、女人，更應該是女孩子。那麼，要做個女孩子到底應該做些什麼呢？做許多事情。

結婚後，特別是生孩子後，大多數的女人都會得了「邋遢綜合症候群」，這種綜合症候群包括：穿中性的睡衣和短襪子，或者是燈籠褲和尺碼過大的T恤，而不是穿著造型多變的性感睡衣上床；不刮腿毛、不修指甲；不洗頭髮、不做頭髮，甚至是不梳頭髮；在丈夫回家之前，就把一整天都保持過的妝卸了（而不是補補妝）；丈夫在洗手間的時候進去大小便；在丈夫面前，沒想到讓自己散發出良好的體味（噴香水或抹點身體乳液）；從來不穿性感的衣服或者戴飾物……當專家給她們提出建議改掉這些明顯的毛病時，有些女人就顯示出了憤怒、厭惡、憎恨和防衛。

如果女人抱著這樣的觀點，認為一旦她們結婚，她們就應該理所當然、不用回報地受到寵愛、關心、保護和服從，收到禮物，感到浪漫，被人供養。她們不想費任何工夫去創造情感上和心理上的氣氛，雖然這種氣氛更容易讓她們的願望得到滿足。

但是，也有些女人願意聽專家的建議。賴莎承認自己曾經陷入了放任自己不修邊幅的情形，但是，在聽了專家的建議後，她決定改變那種情形。她現在總是在親愛的丈夫下班回家之前先花一些工夫進行淋浴、做做頭髮，而且確實收到了效果。他覺得丈夫比以前更關心和喜歡她了。

♥ 女人靠女性魅力吸引男人，但是女性魅力並不只是指長相，它也包含了衣著裝扮、舉止行為。看起來很有女人味、舉止可人，這是妻子送給丈夫最好的禮物。

假若妳渴望浪漫，就要表現得更像一個有魅力的女人，而不僅僅只是一個家庭主婦、清潔工或者是一個賺錢者，這樣，才會享受到更多的浪漫。

POINT

一杯檸檬茶

真正的愛情是非常害羞的，它厭憎一切空話，它只能流淚和出血。——（德）海涅

一對情侶在咖啡館裡發生了口角，互不相讓。然後，男孩憤然離去，只留下他的女友獨自垂淚。

心煩意亂的女孩攪動著面前那杯清涼的檸檬茶，洩憤似地用湯匙搗著杯中未去皮的新鮮檸檬片，檸檬片已被她搗得不成形了，杯中的茶也泛起了一股檸檬皮的苦味。

女孩叫來服務生，要求換一杯剝掉皮的檸檬泡成的茶。

服務生看了女孩一眼，沒有說話，拿走那杯已被她攪得很混濁的茶，又端來一杯冰涼檸檬茶，只是，茶裡的檸檬還是帶皮的。原本就心情不好的女孩就更加火大了，她又叫來服務生：「我說過，茶裡的檸檬要剝皮，妳沒聽清楚嗎？」她斥責著服務生。

服務生看著她，他的眼睛清澈明亮，「小姐，請不要著急，」他說道：「妳知道嗎？檸檬皮經過充分浸泡之後，它的苦味溶解於茶水之中，將會呈現一種清爽甘洌的味道，正是現在的妳所需要的。所以請不要急躁，不要想在三分鐘之內把檸檬的香味全部擠壓出來，那樣只會把茶攪得很濁，把事情弄得一團糟。」

女孩愣了一下，心裡有一種被窺視的感覺，她望著服務生的眼睛，問道：「那麼，要多長時間才能把檸檬的香味發揮到極致呢？」

服務生笑了：「十二個小時。十二個小時之後檸檬就會把生命的精華全部釋放出來，妳就可以得到一杯美味到極致的檸檬茶，但妳要付出十二個小時的忍耐和等待。」

服務生頓了頓，又說道：「其實不只是泡茶，生命中的任何煩惱，只要妳肯付出十二個小時的忍耐和等待，就會發現，事情並不像妳想像的那麼糟糕。」

女孩看著他，似乎沒有琢磨透服務生的話。

服務生又微笑著說：「我只是在教妳怎樣泡檸檬茶，隨便和妳聊一下用泡茶的方法是不是也可以泡出美味的人生？」說完，服務生鞠躬離去。

女孩面對一杯檸檬茶靜靜沈思。女孩回到家後自己動手泡了一杯檸檬茶，她把檸檬切成又圓又薄的小片，放進茶裡。女孩靜靜地看著杯中的檸檬片，她看到它們慢慢張開來，好像有晶瑩細密的水珠凝結著。她被感動了，她感到了檸檬的生命和靈魂慢慢昇華，緩緩釋放。

十二個小時以後，她品嘗到了她有生以來從未喝過的最絕妙、最美味的檸檬茶。女孩明白了，這是因為檸檬的靈魂完全深入其中，才會有如此完美的滋味。

門鈴響起，女孩開門，看見男孩站在門外，懷裡的一大束玫瑰嬌豔欲滴。「可以原諒我嗎？」他訥訥地問。

女孩笑了，她拉他進來，在他面前放了一杯檸檬茶。「讓我們一起約定，」女孩說道：「以後，不管遇到多少煩惱，我們都不許發脾氣，靜下心來想想這杯檸檬茶。」

「為什麼要想檸檬茶？」男孩困惑不解。

「因為，我們需要耐心等待十二個小時。」

夫妻生活如茶，慢慢地等，細細地品，才能嘗到美妙無窮的滋味，避免因急躁而犯的錯誤。

POINT

婚姻和戀愛不同

愛情的魅力就在於它的神秘性和自發性，它不問緣由，不顧一切，不計利害。——（俄）瓦西列夫

小雯和小成從中學時期便開始談戀愛，當初老師無數次的請家長到校商量對策，結果還是無法將他們拆開。好在他們沒有耽誤課業，都考上了理想的大學，繼續談著戀愛。畢業那年，愛情長跑終於結束，兩個人順理成章地結了婚。

過去的同學和老師都參加了他們的婚禮，回想當年，大家都說看起來小鳥依人的小雯真是固執倔強，家裡和學校那麼反對都絲毫不為之所動。當年的女同學們都佩服小雯的勇氣，說有情人終成眷屬；當年的男同學們都對小成嫉妒得要死，說終於攜得美人歸啊！

可是婚後的小雯和小成卻生活得並不那麼讓人羡慕，他們結婚後沒幾天就開始吵架，甚至有一次「離婚」這兩個字居然差點兒從小成的口中說出。歸納吵架的原因，都是小雯挑

起，然後又無理取鬧的鬧個沒完。

而她挑事的原因也都是因為小成公司總是加班或者出去應酬時沒帶她，不然就是星期天不能陪她等等。開始還只是怨他不顧家、結了婚後就不在意她的感受了，後來居然開始懷疑他的忠誠度，認為他在外面有了別的女人，總是話中有話地刺激他。

小成說他從來沒有懷疑過自己對小雯的感情，也不懷疑小雯對他的感情，但他們之所以鬧成這樣，就是小雯又把當年與家長和老師作對的那種固執倔強用到他的身上，這種愛把他們從前那種兩地相隔的牽掛感覺變成了現在這種零距離的窒息。

結婚與戀愛不同，女人在戀愛時的獨佔和蠻不講理都會被男人看作是可愛的小個性，他們認為這是太在意的結果。而且戀愛時他的全部精力都在妳身上，當然願意關心妳為什麼不高興，也樂得向妳彙報一舉一動以討得妳的歡心。

♥婚後的男人就沒有了戀愛時的耐心了。如果他的心態已跟戀愛時完全不同，而妳還停留在戀愛時的感覺上，沒有進入老婆的角色，老公就會離妳越來越遠。

POINT

要裝做愛他、親近他

結婚前的愛情，有效果，有熱情，從第一次起就已經把握住對方的感情了。而結婚後的愛情，則不是突然間就抓住對方的心，但越是細看，卻越是舒展、開闊，最後變成了壯偉、寬廣的大洋。——（俄）果戈理

一天，鄰居家的女主人哭哭啼啼地跑來找作家老李。

「你是專門在寫作的，你就幫我寫一張離婚協議書吧！他欺負人，他不瞭解女人。我每天上班下班，裡裡外外的雞毛蒜皮的事樣樣要管，每天忙得要死不活的。他倒好，整天待在公司，無論怎麼說他也不願多關心家裡一下。還有，我脾氣不好，這是結婚前就已經告知的。但是現在呢？我說兩句他回三句，老是叫人下不了臺。還有，他出國去開會，不帶我，反倒帶了公司裡的一位年輕寡婦……」

「還有，今天早上，他還打了我一個巴掌。這回我是鐵了心，非跟他離婚不可！」

「好吧！好吧！妳有這麼多委屈，我答應幫妳。只是妳想一想，現在離婚，是妳痛苦還是他痛苦？」

「那當然是我痛苦。他，高興還來不及呢！」

「這樣妳就吃虧了，又受氣，又挨打，最後還落得個讓他高興地離婚，妳太吃虧了。我想提醒妳的是，該離婚時要果斷的離，只是，不能便宜了對方。妳要先設下一個陷阱，妳的心裡明明是恨他、想要離開他，可是表面上卻要裝做愛他、親近他，全心全意地為了讓他高興而努力。這樣，過了一段時間，他就怎麼也離不開妳了。到時候，妳突然地提出要和他離婚，狠狠地把他甩在一邊，先來個協議離婚，好聚好散；如協議離婚不成就上法院，半途決不退卻，狠下心和他離。讓他痛苦，讓他失望，讓他嘗嘗失去心愛的女人是什麼滋味。離婚講究藝術，離要離得明白，離要離得舒心痛快！」

隨後，老李就出差了。

兩個月後，他回來了。半路上正碰上鄰居家的女主人。

「準備好了嗎？我明天就能幫妳寫離婚協議書。」

「別，別，快別提那件事了。現在我們的感情很好，我回家後就照妳的方法去做了，沒想到卻讓他動了真情，他依然還是那麼愛我，天天死纏著我。我再也不想離婚了！」

♥一切美好的東西都源自於愛。愛是光明的使者，是幸福的引路人。愛是「照耀在茫茫草原上的一輪紅日，是百花叢中的絢麗陽光。」愛換來愛，愛讓希望添上翅膀，使內心永遠充滿活力。一個人給予別人的幸福和快樂越多，他自己得到的幸福和快樂也就越多。

POINT

別用「假如」的問題追問老公

愛情就是感情的直率表白，就是歡樂和痛苦、自我犧牲和高尚、溫柔和力量的結合。

——（俄）瓦西列夫

有一位李女士，在聊天時跟先生提到，最近報紙上刊登的一則新聞：有一個著名公司的總經理，在地方上頗有名望，可是卻突然因心肌梗塞而過世了。這位總經理留下一筆撫恤金和家產給妻兒，可是再多的撫恤金，也難以安慰遺孀的悲痛。

在追悼這位總經理的喪禮上，來了無數地方官員和生前老友，場面真是隆重。可是，前來致祭的人群中，有一個女人，帶著一個小孩，長跪在靈堂遺像前，哭得傷心欲絕！小孩也跟著哭喊著：「爸——爸——」

那位總經理的老婆一看，極為震怒，說：「妳這個野女人，莫名其妙地帶個小孩來這裡喊『爸』做什麼？妳不要故意來破壞我先生的名譽！妳是不是想來『敲詐』？我先生是個誠實盡責的好男人，每天早出晚歸，從不在外面過夜，也不會拈花惹草，妳別想來編故事敲詐……」

「我是真心來祭拜、哀悼的……請妳不要誤會我！」那中年女人很委屈地哭著說：「沒錯，妳先生是不曾在我家裡『過夜』，可是，他常常利用『中午休息時間』，到我家裡去……他現在走了，留下我跟孩子怎麼辦……」

李女士說完這則新聞，就笑著問老公說：「我們結婚也快七年了，你看，你對這則新聞有什麼看法？」

這時，老公抓抓脖子、摸摸後腦勺，不知說什麼是好？

「你不要緊張嘛！」李女士非常大方地說：「你隨便說說你的看法嘛！」

「哎呀，這……這要我說什麼呢？那個人死了關我什麼事？」老公厭煩地回答。

「你不要不高興嘛！我的意思是說，我們結婚那麼久了，我不知道你會不會覺得生活『比較平淡』、『沒有新鮮感』了？」李女士問。

「……」停了三秒，老公搖頭說：「不會的！不會的！」

「人家說『男人都會有七年之癢』，你老實說，你有沒有這種感覺？」李女士興致勃勃地繼續追問，「假如你們公司有年輕、漂亮的女孩子對你很心儀、也很有好感，你會不會……」

「哎呀！妳胡說些什麼呀！」老公臉上露出不耐煩的神色，「求求妳，不要一直再問一些『假如』的無聊問題好不好？」

「你不要緊張嘛，我只是想知道你的想法而已嘛……萬一以後碰到了，你也不會『手足無措』啊！你老實說沒關係嘛！如果有年輕小姐喜歡你，你會怎麼辦？」

「拜託——妳放心——我會愛妳一輩子的，這樣可以了嗎？」

「哼！光用嘴巴說，誰不會啊？就像那個死去的男人，天天『早出晚歸、誠實盡責』，最後還不是冒出個情婦、『午妻』，還有個小孩？」李女士回答道：「你們男人都是這樣的吧？」

「妳……」老公的臉都氣紅了。

有人說：「愛情是活的，需要不斷地澆灌、施肥，否則就會枯萎！」沒錯，愛情需要男女雙方

不斷地積極溝通，互相體諒、互相尊重與信任，但千萬不能故意找些話題來「試探」對方，否則只會給雙方帶來傷害。

POINT

不要輕易用離婚威脅對方

愛情有若佛家的禪——不可說，不可說，一說就錯。——三毛

晚上阿芳和女友聚會回家晚了，敲了好久丈夫小林才起來開門。

阿芳問：「為什麼不開門？」

小林說：「睡著了沒聽見，真的。」

這一夜兩人誰也再沒說話，阿芳好像感覺到小林對她有點不像以前那樣熱情了，心中悶悶不樂。

第二天，阿芳把昨晚的事對女友說了。女友一聽，說：「妳還蒙在鼓裡呀！這是他不高興妳回家晚了，故意不開門給妳顏色看的。哼！妳要是不壓一壓他的威風，日後有妳受的！」

阿芳覺得女友說的話有道理。

幾天後，小林在公司加班回來晚了，阿芳也把房門鎖上，小林回來時敲門沒人應，便用拳頭捶，阿芳這才開了門。

小林質問：「為什麼不開門？」

她說：「睡著了沒聽見。」

小林看她的眼睛沒有睡意，說她是故意的。兩人吵了一會兒，熄了燈，雙方又是一晚的不愉快。

小林的同學生日請他去喝酒，小林悶悶不樂，同學問他為什麼心煩？他就把和妻子吵架的事說了。同學一聽就給他出主意。其他同學也你一句他一句地幫腔，說男人決不能做女人的奴隸。

小林喝酒回來，一進房就往床上一躺，喊阿芳幫他脫鞋。阿芳見他喝醉了，幫他把鞋襪脫下來。小林又說想喝茶讓阿芳給他泡一杯，阿芳又泡了。小林又讓她幫自己洗腳。

阿芳一聽，心想：一定是小林裝醉來整我，好出那晚不開門的氣。於是，她賭氣地抱起枕頭進了客房，「砰」一聲甩上門再也沒出來。

阿芳的女友得知小林裝醉要她洗腳時吃驚地說：「阿芳，妳又不是奴隸，幹麼要妳幫他洗腳？這樣的男人也太不像話了，乾脆和他離婚！」

這一夜，阿芳就在女友家住了，打電話給小林說了離婚的事，女友在旁邊直用手語給她提示當參謀，態度十分堅決。

恰好小林的同學來他家，至始至終知道這事，小林掛了電話後，同學在旁煽風點火的對他說：「離，她說離就離，不然，以後你還有什麼面子！」

第二天，阿芳回家和小林寫了離婚協議書，當天就辦了手續。當他們拿著離婚證書在街上碰到各自的女友和同學時，女友和同學都大吃一驚說：「啊！我是要妳用離婚來威脅他的，誰叫妳真的離啦？」

♥ 夫妻應互相體諒，有了誤會要及時解釋，發生了口角要互相忍讓，若對對方有什麼要求不妨直接提出來，千萬不要輕易就用離婚來威脅對方。

POINT

不要輕易放棄

愛情是彩色氣球，無論顏色如何豔麗，禁不起針尖輕輕一刺。——三毛

姚芹和薛朋是經人介紹而認識的，當時姚芹三十一歲，因父母早逝為了照顧弟妹而耽誤了自己；薛朋雖然只比姚芹大一歲，但他有過一次婚姻，他的前妻因病死了。因為兩個人的情況都有些特殊，又都急著找個伴，所以他們認識沒多久就登記結婚了。

姚芹是個性格內向的人，平時也沒什麼話，但勤勞賢慧能吃苦。嫁給薛朋後，衣食冷暖樣樣周到，兩個人齊心協力，日子過得也不錯。可是在他們相伴著過日子的第十五個年頭，平靜的生活有了些變化。

薛朋工作的辦公室去年派來了一個大學生，小女生長相普通，但性格開朗、熱情單純。因為她平時總一副直截了當、沒心眼的樣子，在那樣的小機關裡生存就略顯艱難。薛朋

看她年紀比自己的女兒大不了幾歲，想想女兒以後的人生路上也許會遭遇同樣的境遇，就經常好意地幫助她。這一路過來，薛朋也不覺怎樣，但小女生自己卻想歪了，感激之餘，越看薛朋越有成熟男人的魅力，屢屢地秋波暗送。有一次還在下班的路上攔住他，問他是否愛自己的老婆，如果不愛能否考慮她。

薛朋大吃一驚，也沒想到居然會發展成這樣，暗暗感慨時代不同了，年輕女孩的勇氣讓他們這些「老人家」瞠目結舌。於是，他回家把這件事告訴了姚芹。姚芹聽後的吃驚程度絕對大於薛朋，因為薛朋的吃驚裡肯定帶著喜悅的成分，而她則沒喜卻有憂。結婚這麼多年，他們一直忙於生活，一切都和結婚的過程一樣平淡，從來沒想過愛的問題，但這個問題被一個對她老公有企圖的女孩子提了出來，這讓她措手不及。她知道薛朋能講給她聽證明他沒當回事，但她不敢冒這個險。

於是，在飯桌上，姚芹就鄭重地對薛朋說：「明天你去告訴她，我愛你。如果她不信的話把她請到家裡來，我親自告訴她也行。」薛朋當時非常震驚，隨之是無法抑制的喜悅，因為，這麼多年，他頭一次聽老婆說這樣的話。

♥不要期望婚姻生活會一帆風順。在充滿誘惑的世界中，妳和丈夫要一起歷經各式各樣的考驗，不要遇到挫折和挑戰就輕易退縮。只要有了真愛，就能夠戰勝一切艱難險阻。

POINT

離婚對孩子不會有利

真誠愛情的結合是一切結合中最純潔的。——（法）盧梭

多年來，一般人都相信讓孩子在一個沒有爭吵的單親家庭中長大，比留在一個父母終日打罵不停的環境中好得多。由於輕信這種憑空想像和毫無資料考證的理論，所以數以千計的夫婦選擇離婚以便快速解決他們的婚姻問題。而這當中確實有些夫婦真心相信，這樣做是為孩子著想。

但研究指出，這種方法可能只是個消極的反應。

耶魯大學的心理學家阿爾伯特．索尼特博士給美國兒科學院的報告中指出：「假如讓兒童作裁決，他們一定反對離婚。」他又強調：「離婚對兒童的長遠影響，我們實在一無所知，如果我們生活在一個按兒童的意願而行的世界裡，那這個世界裡一定沒有離婚。」

另一個兒童心理學專家德理克・米勒博士亦指出，他無法接受「離婚對孩子有利」這一論調。米勒博士是西北大學的兒科教授，又是芝加哥西北紀念醫院的兒科主任，他說：「沒有資料顯示，在單親家庭長大的兒童會更有安全感，而且比父母雙全的兒童生活得更美滿。」他反而發現，在單親家庭中，青少年自殺的個案日益增加；而且始自二十世紀六〇年代的吸毒、酗酒、少女懷孕等青少年問題，在八〇年代更加突顯。

♥父母與孩子同住，雖有爭吵，卻可能是個更積極的處理問題的方法。夫妻雙方應該為對方不斷改變自己的行為舉止。事實上，如果知道了不能以離婚來解決問題，妳就會學習怎樣去重燃愛火。

POINT

不要急於離婚

要是愛情虐待了你，你也可以虐待愛情；
它刺痛了你，你也可以刺痛它；這樣你就可以戰勝愛情。——（英）莎士比亞

成順和麗紅的婚姻是那種典型的因為出現第三者而岌岌可危的例子。他們結婚時，成順是個意氣風發的年輕人，而麗紅卻是個其貌不揚的女生。也許就是這種外形上的不太搭配造成了他們婚姻最初的不協調。

不漂亮的女生可能比漂亮的女生更具有危機意識吧！麗紅一直對自己想要什麼有很明確的認識，當初就是她以死相逼，迫使成順和她結婚的。當然，這個婚姻出現第三者也就不奇怪了，可是這個婚姻並沒有因為出現第三者而結束，這是不是有點奇怪呢？

第三者是在他們的女兒八歲的時候出現的，那是個二十出頭歲的女孩，長得很漂亮，

認識她的時候成順三十二歲。當時成順的事業已經略有基礎，公司的老闆很器重他，他經常出差到公司的各地辦事處指導銷售工作，一年有二百多天都在外地。

那個女孩就是他在一個大城市裡認識的，女孩子朝氣蓬勃的活力一下子吸引了他。因為年紀小，她像依賴哥哥一樣依賴他，但卻可以給他做可口的飯菜，幫他買很符合身份、極具品味的衣服。每次陪她出去，在外形上他們也是如此的搭配，因為本來就很帥的男人在三十二歲時是看不出年齡的。成順回家的次數就更少了，他更願意陪在那個大城市的女孩身邊。

麗紅是在那個女孩出現兩年多的時候知道的。她痛苦了很久，那時他們的女兒已經上了小學，她想離婚，可是想到當初她費了那麼多心思得到的丈夫，她又不甘心。而且還有女兒，離婚了如果孩子跟著她，她只是個工廠的女工，她無力給孩子提供好的生活，那樣法院就會判給成順。可是他長年出差在外，誰來照顧孩子呢？他們的女兒聰明敏感，看見流浪的貓都要哭著抱回家，如果和那個女人生活在一起，對孩子心靈會不會有影響？她仔細地權衡了一下，決定不提離婚的事，反正他也沒和她攤牌。因為與其讓自己在離婚後為生活煩惱，還不如現在把所有的寄託都放在孩子身上，索性不理成順，除了要他擔負應盡的義務外就當沒有這個人存在。

成順也一直沒提離婚的事，儘管那個女孩給他施加了許多壓力。他和麗紅是沒有感情，但他看到孩子心就軟。麗紅把他們的女兒教導得品學兼優，在班上當班長，學業成績非常好。休假的時候還送女兒去學鋼琴和舞蹈，公司同事的孩子都比不上她。

雖然他經常不在家，但麗紅從沒在孩子面前流露過怨氣，也從沒提過第三者的事，女兒仍極崇拜他這個父親，總是和他很親近，在同學面前還經常吹牛，說自己的爸爸如何如何了不起，總在台北、高雄飛來飛去，還出國。他總在想，如果他離婚了，也許女兒長大後就會明白父親的苦衷，可是他無法面對孩子要恨他很多年這個事實。

幾年以後，那個女孩出嫁了，不再和他來往了，成順和麗紅的家庭還在繼續著。

♥ **難得糊塗的為人處世原則雖然消極了些，但是，有時對老公睜一隻眼、閉一隻眼是明智之舉。這個年代外面的花花世界對男人的誘惑太多了，對老公外遇的低調並不一定是代表懦弱。逞一時之勇離婚，不如權衡輕重，謹慎思考，耐心等待轉機。**

POINT

要相信愛可以重來

愛情進入人的心裡，是打罵不出去的；它既然到了你的身上，就要佔有你的一切。——（英）莎士比亞

春麗是個美麗的女人，三十多歲風姿依舊，人保養得很好。春麗的老公小邱是個典型的好好先生，對她百依百順，洗衣服、做飯，所有家務幾乎全部包了。小邱總是說女人不能做太多的家務，那樣會變成黃臉婆的。他們結婚六年，女兒也五歲了，一切都那麼和諧，包括性，每次他都能讓她滿足。他們是一對婚姻生活非常美滿的夫妻了。

可是，在他們結婚六周年紀念日剛過沒幾天的時候，小邱在無意中知道了春麗的婚外情，而且半年多了。這對小邱來說是天大的打擊。他想不明白：「為什麼他對她那麼好，她卻不顧孩子和家庭這麼做？」小邱想了好久，他無法下決心和春麗離婚，因為女兒還小，而且春麗在被發現之後就保證不再和那個人來往了，並說以後會愛他和女兒一輩子。小邱原諒

了她，表面上相安無事。可是小邱一直很苦惱，他常常在晚上睡不著，想著春麗和別人在一起的事，而且他們現在仍是同一個公司的同事，小邱不能確定他們是不是真的不來往了。事情經過快一年了，春麗也很懊惱，她確實沒再和那個人來往，但小邱還是吋步不離地跟著她，不讓她單獨參加任何社交活動。可是工作的關係有時真的不能避免，只要去了，小邱就罵她舊情未了，是個淫蕩的女人，說再也不能信任她了。

於是，原來那個和諧幸福的家，因為她的一次失足變成現在的樣子。看著已經漸漸懂事的女兒，兩個人對罵完後又很後悔，每次又都互相道歉，春麗也覺得確實對不起他，日子就這樣過著。誰也不知道他們還能忍受多久，可是他們又都在努力。

♥「浪子回頭金不換。」這句諺語適合男人，也適合女人。只要妳相信自己，愛可以重來。一旦犯了錯，想讓別人再次信任妳是會困難一些，但妳自己要相信自己，相信時間可以證明一切。老公愛妳，在乎妳，所以對妳的出軌無法釋懷，妳愛他，所以他的不信任也傷害了妳，但不要緊，只要還有愛在，總有春暖花開的時候。

POINT

挫敗的「第三者」

愛比殺人重罪更難隱藏；愛情的黑夜有中午的陽光。──（英）莎士比亞

小瑜是一家知名報社的記者，事業心比較強，經常要外出採訪，回到家裡又忙著家務和工作，和丈夫單獨相處的時間一直在減少。

有一天，小瑜沒出差，難得一家人聚在一起度周末。兒子忽然問：「媽媽，怎麼妳在家裡，那林阿姨就不能來玩了？」

小瑜問丈夫：

「林阿姨是誰？」

「是我們公司剛派來的大學生。」丈夫不好意思，臉有點兒紅。

小瑜沒有再追問了，只是哄著兒子說：

「下次我們請林阿姨來玩，好嗎？」

小瑜想想自己對丈夫如此信賴，可是……思前想後，心裡很難受。真想和丈夫大吵一架，或者離婚算了。

過了一會，小瑜情緒冷靜多了，心想自己經常在外，對兒子和丈夫照顧得不夠，何況自己並不能確定丈夫和林小姐的關係。如果不分青紅皂白地和丈夫鬧，倒顯得自己沒理了。

晚飯，她刻意沒讓傭人做，自己快速地做了幾道丈夫最愛吃的菜。

晚上，她把孩子哄睡了之後，依著丈夫靠在床上，輕輕地說：

「我經常外出採訪，讓你一個人在家帶孩子，實在太難為你了。我不在時你肯定好寂寞，就像我孤零零一個人睡在旅館裡一樣。現在我靠在你身上才覺得好踏實，沒有你的支持，我的工作一天也做不好。」

丈夫一聲不吭，憐愛地撫摸著小瑜的頭。

小瑜輕輕問：

「我們周末一起請她來吃晚飯好嗎？」

丈夫面露難色。

「你還不放心我嗎？我不會讓你為難的，更不會為難她。」

周末，小瑜又一次親自下廚。林小姐來了，小瑜熱情地款待。臨走時，小瑜特地讓丈夫看孩子，自己獨自一人把林小姐送下樓，拉著她的手說：「怪我自己工作太忙，對老周（小瑜的丈夫）缺乏照顧，謝謝妳常來陪我們家寶寶玩，也幫忙照顧老周。看妳這樣溫柔可愛，不知道哪個男人有那種福氣能娶到妳。好了，不遠送了，有空歡迎妳常來玩。」一席話讓林小姐又是感激又是慚愧。

後來，林小姐找了一個帥氣的男友，他們與小瑜夫婦成了好朋友。

♥ **現在，異性之間的交往越來越多，婚外情儼然成為一個熱門話題，而且活生生的來到每一對夫妻的面前。夫妻之間的親密感情也因此而被撥弄著，有許多曾經美滿的家庭都被毀於「第三者的出現」。其實，只要態度端正，方法得當，是完全能夠戰勝這種「撥弄」，挽回趨於破裂的婚姻的。**

POINT

鑰匙掉了

愛情是不按邏輯發展的，所以必須時時注意它的變化。愛情更不是永恆的，所以必須不斷地追求。——柏楊

小慧和小陳結婚三年了。三年來，他們經常為一些雞毛蒜皮的小事鬥嘴。這天小慧回娘家，小陳下班回來發現鑰匙不見了，進不了門。他想盡辦法，最後才用磁卡打開了房門。

小陳知道小抽屜裡還有一把備用的鑰匙，他拉開小抽屜，但鑰匙卻不見了，等妻子回來，小陳就問：「小慧，小抽屜裡的鑰匙呢？」小慧不高興地說：「我把鑰匙給我爸了。怎麼，這你也要管？怕我爸開門進來偷東西？」小陳本來想告訴妻子，說自己今天掉了鑰匙，但聽到妻子一開口火氣就這麼大，他就懶得說了。

小慧是個藏不住心事的人，她愛說話。她把小陳追問鑰匙的事告訴了母親。小慧的母

親趕緊對丈夫說：「你快點把小慧家的鑰匙還給他們。萬一他家裡丟了什麼東西，你跳進黃河也洗不清。」

小慧的父親生氣地說：「我要他的鑰匙，是為了給他們送米、送麵的時候方便，誰偷他的東西啦？」

在老伴的勸說下，小慧的父親終於把鑰匙還給了小陳。他不再送米給女婿了，但心中憤憤不平，一見到熟人就把他送米送麵給女婿，反而被女婿當賊的事講一遍，講完後，總是搖頭歎氣。

不久，小慧父親的話傳到了小陳的耳朵裡，他氣呼呼地質問岳父：「你怎麼罵我缺德？」

小慧的父親說：「你就是缺德。我當初讓小慧嫁給你真是瞎了眼。」

小陳說：「嫁錯可以離婚嘛！」

小慧的父親說：「離就離！」

小慧卻不想離婚，她拉住小陳的衣袖說：「如果你改正，我願意跟你過一輩子。你快向我爸認個錯吧！」

小陳說：「你們把污水潑在我身上，還要我認錯，豈有此理！」

小慧生氣地說：「你不要耍賴了，現在誰不知道你把我父親當賊？」

小陳說：「算了算了，我怕妳，我走。」

♥溝通不順、彼此誤解和說氣話是夫妻甜蜜生活的主要殺手。很多本可維持的婚姻都被缺乏相互諒解的鬥氣給拆散了。記住：「退一步海闊天空。」

POINT

溝通的重要性

日本知名作家夏目漱石在小說《路邊草》中，曾細緻地描繪了一對夫妻失和時的心理狀態。小說裡的主角健三是個三十多歲的大學教授，妻子阿住是位高官的女兒。他們的婚姻令人羨慕，但兩人的內心總是產生各種誤解與分歧。健三為了彌補家庭開支，下班後又再兼職一份工作。他一心希望妻子能過著更加寬裕的生活。但是當他把賺來的錢交到妻子手裡，妻子並未顯露出高興的神色。

當時，阿住想：「如果丈夫給我錢時說上幾句溫情的話，我一定會高高興興地收下。」而健三卻想：「如果妻子能高高興興地收下錢，我肯定會說出溫情的話來。」

一個星期天，阿住外出回來晚了，健三一個人吃了飯，躲進房裡。阿住回到家，只說了一聲「我回來了」，並沒有對自己回來晚了表示一點歉意。這種態度使健三很不高興。所以他只回頭望了一下，什麼也沒說。

這樣一來，這件事又一次在妻子的心裡埋下了陰影，妻子也一聲不吭地徑自走向客廳。於是在二人之間，便失去了說話的機會。

健三夫婦由於內心的點滴誤解，竟導致兩人關係的破裂。夏目漱石寫道：「兩人都感到他們已成為再也不能互相徹底交談的男女，因為兩人都未想到應當改變現在的自己。」

♥夫妻之間在相處時或許會有很多不悅，若要說是小事，可能確實是小事。但是有時小事就能成為左右現實的「大事」。一個人的喜怒感情也常常被這些小事情所支配。因此，不能不防微杜漸。

POINT

適時放手也是一種明智的選擇

真正的愛情像美麗的花朵，它開放的地面越是貧瘠，看來越格外的悅眼。——（法）巴爾扎克

園園曾經聽媽媽講過她和爸爸之間的愛情故事，很美很浪漫。她為此感到驕傲：自己的父母是因為愛而結婚的！甚至在一年之前，她仍然認為他們會一直相愛到白頭。可是理想和現實終究是有距離的。

那是一個飄雪的冬日。清晨，她被爸媽的爭吵聲驚醒。走出房門，爸爸正在穿大衣。

「這麼早，你要去哪兒？」她想攔下爸爸。

「這個家已經沒有我的容身之地了！」爸爸大吼著衝了出去。

媽媽倒在沙發上，無聲地流著淚。園園忽然有一種預感，以後的生活將不復安寧。自從那次以後，爸媽天天吵。她不得不充當和事佬的角色，不停地去平息他們的戰火。如此持

續了幾個月，園園已經精疲力盡，她相信爸媽也是如此。

他們不再吵了，而是變得相敬如「冰」，誰都懶得多看對方一眼。爸爸日日晚歸，有時整夜都不回家。媽媽還是原來的樣子，照常做飯洗衣，只是鬱鬱寡歡難得一笑。

一天，園園實在忍不住了。「你們離婚吧！」她輕輕地說：「你們早就想這樣了不是嗎？只不過礙於我而遲遲無法決定。實際上我沒有你們想的那麼脆弱。既然不再相愛，何苦硬是要湊在一起？即使你們離婚，也仍是我的爸爸媽媽，我也仍然是你們的女兒。」媽媽哭了，這園園早就料到了，但她不曾想到的是，爸爸竟然也流下了眼淚。

半個月之後，爸爸搬出了他們曾經共有的家。園園對現在的生活很滿意，她看得出，爸爸媽媽也過得很快樂。

♥「愛到盡頭，覆水難收。」勉強維持沒有愛情的婚姻是沒有意義的。有時候，放手也是一種明智的選擇。一個人最忌諱的就是被自己釘上的枷鎖禁錮住，信奉「嫁雞隨雞，嫁狗隨狗」，不敢衝破婚姻的藩籬，卻固執地相信這樣才能夠獲得幸福。

POINT

把他當小孩

愛人者而不被人愛是不幸的。──（法）雨果

有一位作家發現自己的一個朋友和她的丈夫從新婚之初就開始吵架。一直吵到孩子二十多歲，近幾年，年逾不惑的他們突然變得恩愛起來，出雙入對，我幫妳做飯，妳幫我洗衣，再也聽不到他們的吵架聲。

作家好奇地問朋友究竟是怎麼回事，朋友回答說：「我以前對丈夫總是這也看不順眼那也看不慣。那天兒子和他爸爸在一起吃飯，我望著家裡這兩個幾乎一般高的男人，回想著我們共同經歷的過去。突然，我的腦海裡浮現出一幕幕的影像，在養育兒子二十多年的過程中，我無數次地容忍了兒子的淘氣，原諒了他一次又一次的過失，而我和丈夫怎麼就像一對冤家似的吵鬧不休呢？引起爭吵的原因還全是一些雞毛蒜皮的小事，譬如什麼東西沒放好，

衣服穿著不整潔，吃相難看，下班回家晚了等等。這些情況在兒子身上也有，甚至比他爸爸還嚴重，而我怎麼就能忍，就能一再原諒，甚至還不厭其煩地主動動手幫他做呢？只因為他是我的兒子，他爸爸是我的丈夫？」

從那天開始，朋友試著用對待兒子的心態去和丈夫相處。每當丈夫犯下「過錯」，她就會像對待兒子那樣對待丈夫的「過失」，一段時間下來，家裡果然美滿祥和了許多。

♥ **對付丈夫最有效的方式之一就是寬容。金無足赤，人無完人。任何一個家庭，任何一個配偶都不會是十全十美的。對家庭中出現的一些小衝突，只要以一種平和寬容的態度，以對待孩子那樣的細心和耐心，以一個母親般的寬廣胸懷去忍讓，去原諒，這個家庭必定是一個既和睦又幸福的家庭。**

POINT

別動不動就「吃醋」

嫉妒是一種叫人痛苦的感情，可是如果一個人毫無這種感情，愛情的溫柔親密就不能保持它的全部力量和熱烈。——（英）休謨

她是個漂亮的女人，五官姣好，身材也勻稱，況且比丈夫小了十歲，照外人的眼光看來，她應該很有自信才是；誰知偏偏相反，她整日管束著丈夫，就怕他越雷池半步。丈夫出門要向她說清，去哪見誰何時回家，倘若回家晚了，她必定一通電話打過去查詢責問，弄得他經常很尷尬，因為有時他正和客戶討論到關鍵處。

聞丈夫的衣服是她的習慣，她要分辨上面有沒有可疑的氣味，例如香水味，脂粉味，女人的特殊體味。一旦有所懷疑，便追根究底，指桑罵槐，無事生非的鬧個不停。

丈夫的個性、脾氣好，他只是向丈母娘訴苦，說她不是打破醋罈子，而是醋海生波，

沒有醋也會酸溜溜的。但他卻遭到丈母娘家人的嘲笑，他們都理直氣壯地認為防患於未然並沒有錯。

她的理由很充足，也很奇怪。比如發現丈夫戴了新錶，其實是商務會上發的她覺得有點像電視廣告中的情侶對錶，心裡就會很不自在。哼！有什麼好看，又不是和自己配對，便自作主張的將它送人，重新幫他買了一隻新錶。這時候的她並不像平日那樣計較金錢，她認為算帳還有另一種演算法。

下雨天，她丈夫回家，若撐著一把花傘，是向公司裡借的。她便一口咬定是向女同事借的，也許是送的，不然，哪有每一回都是同一把傘的？！後來，她實在憋不住了，就跑到丈夫的公司裡去看，果然是公用的傘。她不說自己多心，反而惱怒地說：「你們公司有毛病啊！公用的傘竟買這麼花的。」

丈夫胃痛時總喜歡到家附近的麵館去吃麵，她也不高興，家裡有速食麵，再說也可以自己煮麵條。丈夫說她煮的沒有麵館的麵可口，她把臉板起來：「家裡的麵和麵館的麵還不都是麵嗎？你還不是為了那個老闆娘？一看她就知道是個騷貨！」

她吃醋吃到了離譜的程度，只要是女的，一靠近丈夫她就過敏，她認定所有和丈夫說笑的女人都另有所圖。甚至聽說幫丈夫公司送便當的是個辣妹，她都會放心不下，丈夫說辣妹其實長得並不好看，臉上有許多痣……話沒說完她就尖叫起來：「妳不盯著她看，怎麼知道她長得醜！」

♥ **動不動就「吃醋」、好猜忌的女人，要讓男人全心全意地愛她，真心真意地對她好，也實在是太難了。愛情要有韌性，既拉得開，又扯不斷，適當的保持彼此的自由，夫妻生活才能和諧、美滿。**

POINT

可疑的鑰匙

對愛情不必勉強，對婚姻則要負責。——羅蘭

他是個愛家的男人。他縱容她婚後仍保有著一份自己喜愛的工作，他縱容她周末約同事回家打通宵的麻將，他縱容她擁有不下廚的壞習慣……他始終都扮演著一個好男人的角色。

她第一次懷疑他，是從一把鑰匙開始。雖然她不是個一百分的好老婆，但總能從他的一舉一動瞭解他的情緒，從一個眼神瞭解他的心思。

他原有四把鑰匙，樓下大門、家裡的兩扇門以及辦公室的門鑰匙。不知道從什麼時候開始，他口袋裡多了一把鑰匙。她曾試探過他，但他支支吾吾閃爍不定的言詞，令她更加的懷疑這把鑰匙的用途。

她開始有意無意的電話追蹤，偶爾出現在他辦公室，但他愈來愈沈默，愈來愈不讓她懂他心裡想什麼，常常獨自一個人在半夜醒來，坐在陽臺上吹一整夜的風……但是唯一沒有變的是他對她的溫柔和體諒，但她的猜疑始終沒有減少。

在不斷的追查下，她終於知道那把鑰匙的用途，原來是用來開啟銀行保險箱的。於是她決定追查到底，她悄悄地偷出了那把鑰匙進了銀行。

當鑰匙一寸一寸地伸進鎖孔，她既慌張又害怕。首先映入眼簾的是一個珠寶盒，她深深地吸了一口氣，緩緩地打開盒蓋，然後，心裡甜甜地笑了起來：那是他們兩人第一次合照的相片。照片之後是一疊情書，一共三十二封，全是她在熱戀時寫給他的，這個時候甜蜜是她臉上唯一的表情。

珠寶盒底下是一些有價證券，有價證券底下是一份遺囑，她心想：「待會兒出去一定要罵一罵他，才三十出頭立什麼遺囑！」雖然如此，她還是很在意那份遺囑的內容。她翻開封面，上面寫著某某別墅和存款的二十%留給父母，存款的十%給大哥，有價證券的三十%捐給老人機構，其餘所有的動產、不動產都留給她。所有的疑慮都煙消雲散，他是愛她的。

正當她收拾好一切準備回家，突然，一個信封從兩疊有價證券裡掉下來，那已經褪去的猜疑又復萌了。她迅速地抽出信封裡的那張紙，那是一張診斷書，在姓名欄處她看到了丈夫的名字，而診斷欄上是四個比刀還利的字「骨癌中期」。

她回到家，什麼也沒說，只是收起了從前的壞脾氣。

♥「疑心生暗鬼。」千萬不要隨便懷疑妳的老公。如果我們能夠先瞭解所有的真相，就會減少一切誤會，婚姻生活也會更美好。

POINT

別翻老公的「舊帳」

當你真愛一個人的時候，你是會忘記自己的苦樂得失，而只是關心對方的苦樂得失的。——羅蘭

周日下午，小瑜和男友在百貨公司逛街，兩人有說有笑地挑選領帶，突然間，男友發現前任女友迎面而來，想躲也來不及了，只好尷尬地彼此寒暄一番。

「你還是和以前一樣，喜歡藍色領帶！」前女友說。「是啊！」男友聳肩笑笑。「最近都好嗎？」「還好，都蠻順利的……」閒聊一會兒後，男友隨口對她說：「下次有空再約妳出來聊聊。」

兩人彼此道別後，小瑜原本的笑臉不再，她大約有三四分鐘的時間都不說話。

「妳怎麼啦？不舒服啊？」男友問。「沒有，很好啊！」「那怎麼都不講話？」「沒有啊！看你碰到舊情人的樣子很高興啊！」小瑜一股醋勁湧上心頭，「哦，我竟然不知道妳

喜歡藍色領帶！」

「哎呀，對不起啦！我跟她早就已經是過去式了！我還不是拉著妳的手和她講話！」男友溫柔地急著向小瑜解釋。

兩人走著走著，進入一家餐廳。男友點了一些菜，兩人共進晚餐，但是氣氛似已變成「山雨欲來」的形勢。

「怎麼？這些菜有沒有讓你回想起以前跟舊情人的往事啊？」小瑜以酸溜溜的口氣說道，但是男友坐著沒有講話。

過了一會兒，小瑜繼續說：「和她在一起是不是很甜蜜啊？」男友聽了臉色大變，「啪！」重重地拍了一下桌子，碗筷、盤子都跳了起來，小瑜也被嚇了一大跳。男友大怒說：「我已經向妳道歉了，妳還要怎樣？我是當著妳的面、拉著妳的手和她講話，妳吃什麼醋？」

「你這麼大聲幹麼？這裡是餐廳！」小瑜在大眾面前覺得很沒面子。

「怎樣，餐廳不能講話啊？誰規定在餐廳裡不能說話？」男友還是大聲地吼著。

小瑜一聽也火了，拿起皮包獨自往外走，男友馬上追了出來罵道：「妳給我回來，大家把話說清楚，免得以後不高興！」

小瑜走到馬路上，看見熱鬧的大街上有一大堆人在逛街，又怕男友追出來大罵，太丟臉了，只好轉頭急著向男友說：「你趕快進去付帳！」「妳自己去付，我不付妳的！」男友氣呼呼地說……

♥夫妻間的相處，最忌諱「猛翻舊帳」。對於已成過往雲煙的往事，能不提去就不提，沒有必要再「窮追苦挖」。與其說賭氣的話彼此鬧彆扭、不痛快，還不如「得饒人處且饒人」，讓男人因為覺得妳豁達而更加喜歡妳。

POINT

因小事賭氣的嚴重後果

沒有妒忌便沒有真愛。——（古羅馬）奧古斯丁

一個冬日的早上，一位作家和懷有五個月身孕的妻子正躺在床上愉快地聊著許多屬於他們過去的回憶，電話鈴響了。電話是一個陌生女孩打來的，妻子明顯的露出了不高興的神情。

就是在那個早上，那個自稱是讀者的女孩不厭其煩地一次又一次打電話來找作家，雖然他每次都只是簡單地敷衍幾句，但最終妻子還是生氣地出門去了。

雖然，這只是一件小事，然而夫妻卻因此而賭起氣來。丈夫覺得委屈，因為他並沒有對妻子不忠；而妻子等到深夜，見丈夫並沒有和解的意思，便抱著被子睡在沙發上。等丈夫想起妻子懷著身孕不能再凍著而去安慰時，為時已晚了。次日，妻子高燒不退，大病一場。

女兒出生了，她是那麼漂亮，善解人意，她的爸爸媽媽是那麼愛她，那麼寶貝她。然而，孩子還沒有滿月，便檢查出雙眼底都帶著惡性腫瘤，罹患這種癌症的嬰兒只有一萬二千分之一的機會，卻讓他們的孩子碰上了。而罪魁禍手就是妻子病中所照的一連幾次的X射線。

女兒在病魔的折磨下痛苦地活到一歲半，終於死在父母的懷裡。在這慘痛的打擊下，一個快樂幸福的家庭也支離破碎了。

♥生活中，很多女人常常會容忍一些爭執和分歧。然而絕大多數卻會根深蒂固的認為，背叛是婚姻生活中最最不能寬恕的罪過，就像眼睛不能容忍沙子一樣。然而，美國暢銷書《外遇：可寬恕的罪》的作者，也是美國著名婚姻問題專家保妮．韋爾卻說：「以寬容的心態去理解對方的處境，並認清愛情的真實面貌。愛情，是需要寬恕的。」如果我們對愛情和婚姻寬容一點，那麼我們的愛便會長久一些。

POINT

對老公寬容些

被愛情照耀的談話是多麼令人舒展美好！最平常的言辭也突然放射出明亮的光芒。——（法）莫洛亞

說起孫瀡，朋友們都知道她口才一流，過去在學校的演講、辯論比賽，都是名列前茅。後來，她嫁給一位空軍少校退役的軍人。

由於孫瀡機靈能幹，口才表達能力又好，在外商公司擔任副總經理，所以待遇比退役轉業的老公多。

一天，老公想買一輛小型的國產車，可是孫瀡反對：「不要小鼻子、小眼睛的好不好？你省那麼一點錢幹什麼？要買就買賓士五二〇的，你沒錢的話，我幫你出一半，不然我買一輛送你也可以啊！」

老公一聽，心裡很不爽，不料孫瀡又說道：「你真是沒用，只會看低價位的車，多丟

臉啊！你要像個男人，多點見識；不要像女人一樣，小家子氣，眼光那麼淺短……」

這時，老公真的火了，他一把抓住孫灩的長髮，往屋外硬拖，口中還怒不可遏地說：「我是沒錢、我窮，買不起進口車；好，妳厲害、妳有錢，妳喜歡進口車，好啊，去買啊！妳去買啊！」

鄰居聽到吵架聲，都跑出來探個究竟：只見孫灩一頭亂髮，真是可憐。此後，當他口舌講不贏孫灩時，經常是拳腳相向、毫不留情。

於是，在家人的勸說下，孫灩和老公終於協議離婚了。

離婚後，孫灩天天都很哀怨、愁眉苦臉，怎樣也快樂不起來。後來，妹妹實在看不過去，說道：「姐，請妳振作一點好不好？不要每天哭哭啼啼、要死不活的樣子嘛！一個『臭男人』不要妳，不是很值得高興嗎？有什麼好難過的？」

「這就是我難過的地方啊！為什麼連這麼糟糕的男人都不要我了？他這麼差勁，居然還有資格不要我，嗚……嗚……」孫灩說著說著，不禁哭了起來，「而且，當我跟他說要離婚時，我以為他會跪下來求我，至少也會痛哭流涕地央求我不要離婚……可是，他居然毫不考慮，開口就答應了……」

數個月後，孫灩竟然聽說，前夫又再婚了！天哪，他那麼爛，怎麼還會有女人要嫁他？而且，聽說娶的新娘子，還擁有碩士學位呢！孫灩哭了：「他為什麼離婚不到一年，就再娶別的女人，而像我這麼好的女人居然都嫁不掉？」

♥對男人應該寬容些，要善待男人，不要對男人要求太高。同時，也要正確評估自我，目光要放長遠些，不要太狹隘。

POINT

結了婚就好好過

我相信愛情是生活的積極面。——（義大利）但丁

和老公結婚的時候，小蘭已經懷了身孕，他是很喜歡孩子的。可是，當她把這個消息告訴他的時候，他的臉上並沒有她所想像的那種喜悅。他只是淡淡地說：「如果妳想好了，決定要這個孩子，我們就結婚。」於是，他們順理成章地就結婚了。然而，小蘭不知道，在他們幸福生活的背後，還潛藏著另一個高深莫測的女人。

如果小蘭沒有孩子，她也許會取代小蘭，。因為在小蘭和老公結婚之前，他們因為一些小事而鬧得不愉快所以分手了。在分手後的第三個月，小蘭發現自己懷孕了。於是，他們結婚了。那個時候，他已經和那個女孩有了感情，而且，他們也已經在討論將來結婚的事。這些是小蘭把那女孩叫出來談話以後才得知的。

從她流露的眼神裡，小蘭知道對方付出了很多。那個女孩說，當她得知老公不能娶她而要和另一個女人結婚時，她的整個生命都顯得暗淡無光。然而，無論她是個多麼美麗的女人，和老公有著一段怎樣纏綿悱惻的愛情故事，小蘭都容不得自己的家庭生活裡有這樣一個角色存在。她像一根刺，她的美麗，深情，她所處的位置，都讓小蘭想要用盡一切辦法拔掉這根眼中的刺。

小蘭偷偷的到電信局去查老公的電話帳單。不查不知道，一查她簡直要昏過去！他們倆一個月的電話比小蘭一年的還多！小蘭的心情再也無法平靜：我留住了他的人，留不住他的心，又有什麼用？小蘭前思後想，決定跟老公攤牌：離婚。

可是老公不同意離婚。他說他也是愛小蘭的：「妳在我心裡的分量比她還要重，所以我選擇了妳。我對這個家庭是用心的，在五年的戀愛過程中，只有妳是我不變的選擇。」小蘭反問他：「如果沒有這個孩子，妳會放棄她嗎？」他沈默不語。小蘭已經知道了答案。

♥有很多婚姻，是我們自認為已經山窮水盡，其實它本身並沒有到不可挽回的地步。能夠盡力維持現狀的時候，就不要想著分手，畢竟，我們要對當初的選擇負責。

POINT

為丈夫的錯誤買單

順應真情獻出自己，則愛情越宏大，也越恆久。——（義大利）但丁

阿菊在一家公司當文書小姐，平時女同事在一起總喜歡聊一些，假設看見自己的老公或男友跟別的女人在一起怎麼辦的問題，得到的回答總是千奇百怪，但以大吵大鬧或者先按兵不動的答案居多。因為阿菊的老公比較帥，又是一家大公司的業務經理，所以大家最關心整天粗心大意的阿菊會怎麼處理這件事。有一次，阿菊被逼只好無奈的講出自己的一次經歷和答案，讓大家受益匪淺。

有一次，因為阿菊碰巧到老公公司附近辦事，所以決定下班後去接老公，給他一個驚喜。於是，她就在他們大廈對面的西餐廳打他的手機問他在哪裡，說晚上和他一起吃飯，但沒說就在他樓下。結果老公說他不在公司，正在外面應酬，晚上會晚點回去。她想那也就算

了，就一個人點了餐點。結果當大廈裡的人下班向外走的時候，她一眼就看到了她老公從裡面匆匆走出來，並直接走進了這家餐廳，和靠裡坐位的一個女人吃起了燭光晚餐。她說在當時的那一剎那，她也覺得有點呆，她知道那個女人和老公的關係絕對不簡單，因為老公居然說謊了。

但她沒有在當時走過去揭穿，因為她確信老公愛她。她悄悄地把老公那桌的帳一併結了，然後回家。一想到老公在吃完飯時，服務生告訴他有個小姐已經買過單了的那個吃驚樣，她的氣全消了。

老公回來了，她等他洗完澡上床，才告訴他今天自己也在那家餐廳。她說沒有打招呼並且把帳單買了是對他說謊的懲罰。然後她很真誠地問老公還愛不愛她，如果愛就別再說謊，因為他們之間沒有什麼需要編織謊言的必要。她說他依然是她心中最完美的老公，對今天的事不用解釋也不用道歉，因為她沒放在心上。

那筆帳單買得很有價值，那是三年前的事情，現在阿菊的老公是大家公認的好好先生，沒人知道在他身上還發生過這一段插曲。

♥金無足赤，人無完人。男人偶爾的失足犯錯，並不表示「良心沒了」，寬容地對待他，給他一個悔過的機會，就能夠輕易平息生活中的風波。

POINT 保持自己的獨立性

愛神固然常常造訪亭臺樓閣，不過對於茅屋陋室也並不會拒絕降臨。——（義大利）薄伽丘

工作後不久，清清發現自己其實是一個多餘的人。總經理早就有一個助理，大事小事都歸那個助理打點。而清清的工作無非就是打打字，見見客戶，就這樣她每個月的薪資都還在五萬元以上，而且還經常會有一些額外的獎金。不僅如此，總經理對清清還格外照顧，清清辦公室裡膠水味太重了，總經理就讓人送來吊蘭，還親自叮囑打掃的清潔工要天天澆水。清清開始懷疑，總經理真的是看上自己的能力？

不久，總經理開始公開對清清展開追求。清清很小心地迴避著，她不想讓別人覺得自己在高攀。總經理不急不躁地耐心等待著，同時一如往常的關照著清清，還有她的家人。於是，周圍的親戚朋友還有父母都開始遊說清清。漸漸地，清清動搖了，總經理年輕有為，沒

有任何不良嗜好，而且十分愛清清，憑什麼拒絕這樣的男人？

不久，他們結婚了，婚後丈夫依然對她百般呵護。不僅讓她辭去工作當了全職太太，還找來傭人照顧她的生活起居。每天看看電視、逛逛街、做做頭髮，什麼都不用操心。對於清清的父母，丈夫更是「爸爸、媽媽」喊得很自然。爸爸喜歡看舞台劇，舞台劇的票立刻送到；媽媽喜歡跟鄰居打打麻將，他便送上麻將桌。

這樣的日子過一天兩天還可以，可是久了清清就開始厭倦了。丈夫每天八點去上班，晚上不到九點是不會回來的，而且回來後沒有說幾句話就要睡覺了。清清大多數的時間都只能和傭人聊天，她覺得很寂寞。打電話給以前的同學，可是大家都在忙自己的工作。清清越來越覺得這不是自己想要的生活，她想要有自己的天地。

經過一番深思熟慮之後，清清向丈夫提出外出工作的想法。丈夫告訴她，像她這樣的資歷，能找一份月薪三萬元的工作就已經很好了。他捨不得清清因此去忍受辦公室裡的那種繁忙和壓力。清清又說要去考研究所，丈夫還是不同意。他開玩笑說，他不過是個大學生，老婆卻是個碩士，他會有壓力的。溝通進行到一半的時候，丈夫的電話響了，然後就又急忙出去了。

在幾次碰釘子之後，清清選擇離家出走。沒想到丈夫還是派人找到了自己。清清很愧疚，但還是覺得自己不合適當個全職的太太，她無法接受與面對這樣無聊的日子，也不想再傷害丈夫。她想到了離婚，「也許這樣對大家都好」。

就在這個時候，清清卻發現自己懷孕了。清清一下子不知所措，她覺得老天好像是要硬生生的要把她留在這樣的一個婚姻裡面，離婚，孩子是個牽掛；不離婚，又覺得生活太無趣了，她不知道該怎麼辦。

♥有獨立意識的女人戀家，但不會「賴」在家裡；追求生活品質，但要靠自己創造。獨立的女人具有自主和自尊，也更具魅力。女人要追求自由，不僅僅是精神上的獨立，還需要經濟上的獨立。

POINT

要學會認真傾聽

普通的花卉必須經過相當時間的栽培才會產生芬芳，愛情的花朵更不會突然開放，所以一見鍾情的愛是靠不住的。——（法）莫泊桑

在美國的一個《我是哪個行業的人》的電視節目中，電視主持人向來賓提問，要觀眾根據提問猜出他是哪個行業的人。這個節目連續播出了二十五年。

剛開始時，主持人阿琳覺得很難掌握住自己要回答問題的線索。後來，她丈夫馬丁．加貝爾說：「我從這個節目裡得到的結論是：妳應該仔細聽別人說什麼，要學會認真傾聽。」阿琳採納了他的忠告，結果效果非常好。由於集中注意力傾聽別人說話，她常常能很準確地回答問題。事實上，她的主要優勢就在於她能注意傾聽。

不過，傾聽並不僅僅只是獲取資訊。一位七十多歲的陌生婦女向阿琳表示，「注意傾

聽」也是愛妳的鄰居的一種方式。阿琳常在雜貨店碰到這位婦女，這位婦女有著一雙靈敏又銳利的黑眼睛。每當她看到阿琳時，立即走過來跟阿琳滔滔不絕地聊天。有時阿琳很忙，但也不得不耐著性子聽下去。

「我不久後要去阿堪薩斯一次，」有一天她對阿琳說：「那裡的春天很暖和，這對我的關節炎有好處。但是，不等妳想念我，我就會回來的。」阿琳這才第一次注意到她的手指既僵硬又彎曲。「妳一個人去嗎？」阿琳問。「哦，是的，」她說：「我丈夫去世很久了。但是我透過與人們交談，發現了許多像妳這樣的人。」

阿琳立刻覺得非常慚愧。那位老婦女是那麼高興，一點也不為自己感到傷心。透過與人交談，她平靜的生活變得有意義了。她所需要的，僅僅是能夠傾聽她講話的人們的耳朵。從那以後，阿琳養成了儘量傾聽別人談話的習慣。

♥一個善於傾聽的好朋友是最好的禮物與喜悅。能夠擁有這樣的朋友，真的很幸運。為了自己能夠得到這種幸運，先努力學會傾聽吧！

POINT

人總會有一些內心的祕密

愛情不是花蔭下的甜言，不是桃花源中的蜜語，不是輕綿的眼淚，更不是死硬的強迫，愛情是建立在共同語言的基礎上的。——（英）莎士比亞

有人說話不經大腦，動不動就得罪人，為他辯護的人就說，他是個直腸子的人，想到就講，沒有城府，原諒他吧！

也有人愛說自己個性坦白，不會說假話，知道什麼就一五一十地說出來，目的是希望人家不要怪他，只因為他是個直腸子的人。

直腸子值得原諒嗎？這是見仁見智的問題，要爭論，大家都有充分的理由。做人如果能稍為他人設想，就不會用直腸子來當作隨便得罪人的藉口。

妳聽過有人非常坦蕩地說：「我做人光明正大，沒有什麼事是見不得人的。」

其實，要是說得出這些話，就算他不是在騙人，也是在騙自己。因為，只要是人總會有一些內心的祕密，不一定是損人的，說不定保有這祕密是為了某些人的利益，哪有可能每一句話都可以告訴人的？明知道某人去整容，卻又在她在場時當著眾人面前問，整容不怕有後遺症嗎？妳的膽子怎麼這樣大？這樣的發問叫人難堪。

有人瞞著太太交女朋友，妳卻當著他太太問他：「那天和你在一起的女人是誰？」這樣做對別人的婚姻有幫助嗎？知道別人的過去，不要在無意中提及，很多人努力把過去忘記，而妳的直腸子和無意，卻又勾起別人無限傷心的回憶。有人曾經失足，如今努力發奮圖強，誰要是無意中揭人瘡疤，難免不給人家永世不超生的感覺，這種直腸子，又豈是值得偏袒的？

♥做人對事，真是一門很大的學問。樣樣坦白直率，未必是好事，俗語說：「好女兩頭瞞」。真的，有時把真相和真話赤裸裸地說出來，實在是很可怕的。做人不一定要像水晶玻璃那樣透明，可以保留一點，讓人追尋，這樣遠勝於直腸子去得罪人。

POINT

妳只需讓步百分之一

純潔的愛情是人生中一種積極的力量，幸福的源泉。——（義大利）薄伽丘

在佛羅倫斯．麗特的女兒瑪瑞塔十三歲時，當時的年輕人正流行穿著染得花花綠綠的T恤和磨得破破爛爛的牛仔褲。雖然麗特小時候曾經歷過經濟大蕭條，窮得沒錢買衣服，但也沒穿得這麼邋遢過。

有一天她見到女兒站在門外，用泥土和石頭猛磨新牛仔褲的褲腳。麗特心想：「天呀！這可是我用錢買來的新褲子，妳居然這樣糟蹋！」她立刻飛奔出去阻止女兒，然後又搬出「我幼年時如何清苦度日，妳現在卻如此不愛惜物資」的老調，跟她說教一番。

沒想到這孩子仍是不為所動，繼續低著頭使勁地磨著。麗特問她為何要把新牛仔褲弄成這樣。

瑪瑞塔以理所當然的語氣回答：「我就是不能穿新的嘛！」

「為什麼不能？」

「不能就是不能，一定要弄舊才能穿出門。」這是哪一國的邏輯？新的褲子不穿，非要搞得像塊爛布才行！麗特感到難以理解。

每天早上女兒上學前，麗特總會盯著她一身的打扮，然後歎口氣：「我的女兒居然穿成這副德性。」瑪瑞塔身上穿著她爸那件舊T恤，上面染滿了藍色的圓點和條紋。而那條牛仔褲更是令人目不忍睹，低腰，褲身緊得像包粽子；褲管經過她的「加工」，多了一把鬚鬚。她走路時，鬚鬚便在後面拖呀拖的。

然而，有一天瑪瑞塔上學後，麗特突然像是聽到上帝跟自己說話：「妳記得每天早上女兒出門時，妳都對她說什麼？『我女兒居然穿成這副德性。』當她到學校和朋友們談起整日嘮叨的古板老媽時，她可有的講了。妳看過其他的初中女孩穿成什麼樣子嗎？何不親自去瞧瞧呢？」

那天，麗特果真開車去接女兒回來，以便觀察其他女孩的穿著。結果發現穿得比女兒更「驚世駭俗」的大有人在。回家的路上，麗特向瑪瑞塔表示：也許自己對「牛仔褲事件」

反應過度了。她趁機跟女兒提出條件：「現在起，妳去上學或和朋友出去玩，愛穿什麼我不過問。」

「太好了！」

「不過妳跟我一起上教堂，逛街，或拜訪長輩時，妳得要乖乖地穿些像樣點的衣服。」

她沒搭腔，顯然是有些考慮。

麗特繼續說：「這樣做妳只需讓步百分之一，我卻得退讓百分之九十九，妳說誰比較划算？」

她聽了之後，眼睛一亮，然後伸出手來跟麗特握了握：「媽，就這麼說定了。」

從此之後，麗特每天早上快快樂樂送女兒出門，對她的衣服不再囉唆半句；而女兒和麗特一起出門時，也會主動將自己裝扮得很得體。這個協定讓她們母女皆大歡喜。

♥許多人都感受的到代溝的存在。做母親的總是要求孩子們應該這樣，不應該那樣，卻很少考慮孩子們是否能夠接受。如果我們對孩子的管束寬容些，就能夠使彼此的理解和共同點多一些。

POINT

不同的印象

不害相思，幸福就沒你的份。把愛情趕出了生活，你等於趕走歡樂。一帆風順的愛情，其實無味。——（法）莫里哀

有一次，車爾尼雪夫斯基去拜訪一位多年不見的老友，這位朋友結婚了。

在聚餐時，他結識了朋友的妻子，這位年輕、美麗的主婦對他親切而殷勤，沒有一點矯揉造作和賣弄風情，待他像丈夫的老友。車爾尼雪夫斯基對他的老友說：「你的太太很可愛，我並不是恭維你，她真是個美人。」

可是，有一次，在一個豪華的舞會上，他又遇見這位太太。這個在偏僻鄉下長大的窮女孩，完全被舞會迷住了，她的眼睛流露出對這種社交活動的追求和嚮往，她學著那些貴婦人的模樣，故意裝腔作勢地說：「這種舞會場合使我厭倦，我厭倦這上流而空虛的社交。」

這種言行不一的舉止，使車爾尼雪夫斯基頓然忘了她的美貌，只記得她那一副野心勃勃而矯揉造作的相貌，而且覺得她滑稽可笑。

又過了一個月，他再去拜訪這位老友，告訴他一個不幸的消息：你的工廠，你全部的財產已遭祝融吞沒了。這位朋友頓時驚恐萬分，不知所措。

而這時他的妻子卻溫柔的對他說：「別傷心了，親愛的，賣掉我們的房子及我的金飾和提出我的存款，那就夠還債了。我出外可以步行，必要的時候，我可以去工作。你還年輕，只要你不沮喪，將來一切都會好轉的。」

當她的丈夫表示過意不去時，她說：「只要你像以前一樣愛我，我便能像以前一樣的幸福。」

目睹這一幕的車爾尼雪夫斯基感動極了，覺得她是名副其實的最高尚的婦女。他說：「我頓然忘了她的美貌，高尚的、矢志不渝的愛戀在她身上全都顯露無遺，使人不得不忘掉了其他一切。這就是所謂的崇高。」

同一個人，在三種不同場合，給人三種不同的印象，起決定作用的，並不是她的外貌，（因為在這樣短暫的時間內，她的外貌是不會有多大變化的。）而是她的內心。她一度變得虛偽，而這虛偽的心靈使人感到醜惡，再美的面貌也散發不出美感來。可是當她在家庭遭到變故後，她丟掉虛榮，又顯露出她純真的本色時，她在人們的心目中，不僅可愛，而且崇高了。

♥ **決定一個女人的魅力與否，主要不是外貌，而是心靈。妳無法選擇妳的外貌；而心靈的美，卻是可以由自己來塑造的。**

POINT

用微笑打動對方

愛，和炭相同，燒起來，得想辦法叫它冷卻。讓它任意著，那就要把一顆心燒焦。——（英）莎士比亞

一天，萊溫斯去拜訪一位客戶，但是很可惜，他們沒有達成共識。萊溫斯很苦惱，回來後把事情的經過告訴了經理。經理耐心地聽完了她的敘述，沈默了一會兒說：「妳不妨再去一次，但要調整好自己的心態，要記住多運用微笑，用妳的微笑打動對方，這樣他就能看出妳的誠意。」

萊溫斯試著去做了，她讓自己顯得很愉快很有朝氣、而且很真誠，微笑一直洋溢在她的臉上。結果對方也被萊溫斯感染了，他們愉快地簽訂了合約。

萊溫斯結婚已經十八年了，每天早上起來就是去上班。忙碌的生活讓她沒有時間照顧自己心愛的丈夫，她也很少對丈夫微笑。現在，萊溫斯決定試一試，看看微笑會給他們的婚

姻帶來什麼不同的新感受。

第二天早上，萊溫斯在梳頭照鏡子時，就對著鏡子微笑起來，她臉上的愁容一掃而空。當她坐下來開始吃早餐的時候，她微笑著跟丈夫話家常。他驚愕不已，非常高興。在這兩周的時間裡，萊溫斯感受到的幸福比過去兩年的還要多。

現在，萊溫斯上班時，就對住家大樓門口的管理員微笑；她微笑著跟公司大樓門口的警衛打招呼；在辦公室裡，她對工作人員微笑。萊溫斯很快就發現別人同時也對她微笑。經過一段時間之後，她發現微笑帶給她更多的收入。

萊溫斯現在經常真誠地讚美他人，停止談論自己的需要和煩惱。她試著從別人的角度看事情。這一切真的改變了她的生活，她獲得了更多的快樂和友誼。

♥女人的微笑魅力無窮，它能融化一切。只有那些帶著自信的微笑的女人才會得到更多的合作，更多的信任，更多的愛，她自己也會變得更美麗。

POINT

找到真愛

在情感的海上，如果沒有指南針，就只好在奇異的事件前面束手無策地隨意漂流。——（法）巴爾扎克

安德里亞還是個小孩子的時候，就一直懷有偉大的夢想！當年齡相仿的朋友們談論著長大後想成為老師或者祕書的時候，她就夢想著想成為有名的電影明星；而當其他人夢想著去地中海度假的時候，安德里亞夢想的則是比距離蘇格蘭更為遙遠的加勒比海！

一天，當安德里亞走進房間，宣佈「我要去羅馬當褓姆了」的時候，朋友們一點兒都不覺得吃驚。她們知道安德里亞早就深愛羅馬，總是說那裡才是她想要生活的地方。

她坦然的告訴朋友們：「我深信我將會遇到一位英俊的義大利王子，我們將會瘋狂地相愛！」雖然對她的話抱著嘲笑的態度，但朋友們對她的離去仍然感到悲傷。她是那種能夠在她的周圍灑滿陽光的人，一旦她離去，一切都將變得沈悶而乏味。

安德里亞到羅馬後，在一戶人家家裡當褓姆。他們給她一個小房間，她已經學會說一些生活中必須用到的義大利語。安德里亞經常帶她照顧的那個孩子外出，他們去的最多的地方是特雷維噴泉。

她在寄給朋友們的信中寫道：「任何一個從來沒有看見過它的人，都會認為它只不過是廣場裡的一個小小的噴泉。但實際上，它很大，就像是一個水造的巨型紀念碑，美麗驚人。」

她告訴朋友們，往噴泉裡扔一枚硬幣是為了重返羅馬，而扔兩枚硬幣則是為了找到真愛。「我已在那裡花去一大筆錢了。我每次經過那裡的時候，都會朝裡面扔兩枚硬幣。我知道早晚有一天會有奇蹟出現的！」朋友們嘲笑那封信：還是那個安德里亞，還在繼續那些不切實際的夢想。

在一個既美麗又充滿陽光的早晨，安德里亞很早就帶著那個孩子出門了，他們來到特雷維噴泉，走下臺階，她把她的兩枚硬幣投進了噴泉。

她向上瞥了一眼，看見兩個英俊的年輕人正在注視著她。兩人之中身材稍高的那個人問她：「看來妳非常希望回來，否則妳幹麼要扔進兩枚硬幣？」

安德里亞看了看那個英俊的年輕人，他的頭髮雖然是淺褐色的，但臉卻是典型的義大利人的臉。「一枚硬幣是為了返回羅馬，兩枚硬幣則是為了找到真愛！」

那兩個年輕人都微笑著走到她的面前，剛剛跟她說話的那個年輕人做了自我介紹，他叫馬塞羅。他一邊繼續研究著她的微笑，一邊問道：「妳想在這裡，在妳的度假期間找到真愛？」

「我住在羅馬。我喜歡羅馬，我一直夢想著與這裡的某個人墜入愛河。我相信總有一天會實現的。」她對著他微笑，他也一直在對她微笑。後來，他們四個人一起喝了咖啡。不管她在他們的第一次見面時說了什麼，他似乎真的被她迷住了，他問她是否願意與他一起出去。

第二天晚上，安德里亞與馬塞羅開始約會，她問到他的職業。原來，他是羅馬足球隊的職業球員。他不僅踢足球，還是足球明星，被義大利的許多年輕人瘋狂的崇拜者。

當安德里亞寫信告訴朋友們有關他的事情並且寄來照片時，朋友們全都承認他非常英俊、非常瀟灑。

現在，他們已經結婚十五年並且有了三個孩子。她已經遊遍了大半個世界，就像她一直堅信的那樣。

♥ **為了獲得理想的生活，妳必須抱持堅定的信心去實現夢想，堅定不移地相信妳的夢想總有一天會變成真的，如此就會增加獲得幸運的可能！**

POINT

生命的價值

愛情能使一個女孩完全除去裝假和矯飾的態度，變得簡樸、自然，出落得更加美麗。——（法）巴爾扎克

一九八七年三月三十日晚上，洛杉磯音樂中心的錢德勒大廳內燈火輝煌，座無虛席，人們期盼已久的第五十九屆奧斯卡金像獎的頒獎典禮正在這裡舉行。在熱情洋溢、激動人心的氣氛中，儀式一步步地接近高潮。高潮終於來到了。

主持人宣佈：瑪莉．馬特琳在《小上帝的孩子》中有出色的表演，獲得最佳女主角獎。全場立刻爆發出經久不息的雷鳴般的掌聲。

瑪莉．馬特琳在掌聲和歡呼聲中，一陣風似的快步走上領獎臺，從上屆影帝——最佳男主角獎獲得者威廉．赫特手中接過奧斯卡金像獎獎座。

手裡拿著金像獎獎座的瑪莉．馬特琳激動不已。她似乎有很多很多話要說，可是人們沒有看到她的嘴動，她又把手舉了起來，可不是那種向人們揮手致意的姿勢，眼尖的人已經看出她是在向觀眾打手語，內行的人已經看明白了她的意思：說句真心話，我並沒有準備發言。此時此刻，我要感謝電影藝術科學院，感謝全體劇組同事……

原來，這是奧斯卡金像獎頒獎以來最年輕的最佳女主角獎獲得者，而且她竟是一個不會說話的啞女。

瑪莉．馬特琳不僅是一個啞巴，還是一個聾子。

瑪莉．馬特琳出生時是一個正常的孩子。她在出生十八個月後，被一次高燒奪去了聽力和說話的能力。

這位聾啞女對生活充滿了激情。她從小就喜歡表演。八歲時加入伊利諾州的聾啞兒童劇院，九歲時就在《盎斯魔術師》中扮演多蘿西。但十六歲那年，瑪莉被迫離開了兒童劇院。

所幸的是，她還能時常被邀請用手語表演一些聾啞角色。正是這些表演，使瑪莉意識到了自己生命的價值，克服了失望心理。她利用這些演出的機會，不斷的磨鍊自己，提高演技。

一九八五年，十九歲的瑪莉參加了舞臺劇《小上帝的孩子》的演出。她飾演的是一個次要角色。但就是這次演出，使瑪莉走上了銀幕。

女導演蘭達・海恩絲決定將《小上帝的孩子》拍成電影。可是為物色女主角——薩拉的扮演者，使導演大費周折。她用了半年時間先後在美國、英國、加拿大和瑞典尋找，但竟然都沒找到中意的。

於是她又回到了美國，觀看舞臺劇《小上帝的孩子》的錄影。她發現了瑪莉高超的演技，決定立即起用瑪莉擔任影片的女主角，飾演薩拉。

瑪莉扮演的薩拉，在全片中沒有一句臺詞，全靠極富特色的眼神、表情和動作，揭示主角矛盾複雜的內心世界——自卑和不屈、喜悅和沮喪、孤獨和多情、消沈和奮鬥。瑪莉十分珍惜這次機會，她努力、嚴謹、認真的對待每一個鏡頭，用自己的心去拍，因此表演得唯妙唯肖，讓人拍案叫絕。

就這樣，瑪莉・馬特琳成功了。她成為美國電影史上第一個聾啞影后。正如她自己所寫的：「我的成功，對每個人，不管是正常人，還是殘障人士，都是一種激勵。」

♥如果妳想成功，不管自身條件如何，都不能坐著等待和指望蒼天，一切都取決於自己。記住：充滿堅定的信念，不放棄努力就有機會！

POINT

一切都可能改變

愛情是多麼甜蜜！知道有人愛你，拜倒在你腳下，這難道不甜蜜嗎？只有兩個人在一起，在夜深人靜的時刻，互相傾吐愛戀之情，這難道不甜蜜嗎？——（法）雨果

瑪麗整理舊物，偶然翻出幾本過去的日記。日記本的紙張有些發黃了，字跡透著年少時的稚嫩，她隨手拿起一本翻看。

「今天，老師公佈了期末成績，我萬萬沒有想到，我竟然考了第五名。這是我入學以來第一次沒有考第一名，我難過地哭了，晚飯也沒有吃，我要懲罰自己，永遠記住這一天，這是我一生最大的失敗和痛苦。」

看到這裡，瑪麗自己忍不住笑了。她已經記不得當時的情景了。也難怪，自離開學校後這十幾年所經歷的失敗與痛苦，哪一個不比當年沒有考第一更重呢？

翻過這一頁，再繼續往下看。

「今天，我非常難過。我不知道媽媽為什麼那樣做？她究竟是不是我的親媽媽？我真想離開她，離開這個家。過幾天就要選擇大學了，我要申請其他州的大學，離家遠遠的，我走了以後再也不回這個家！」

看到這，瑪麗不禁有些驚訝，努力回憶當年，媽媽做了什麼事讓自己那麼傷心難過，但是怎麼想也想不起來。又翻了幾頁，都是些現在看來根本不算什麼可是在當時卻感到「非常難過」、「非常痛苦」或是「非常難忘」的事。看了不禁覺得好笑，瑪麗放下這本又拿起另一本，翻開，只見扉頁上寫道：「獻給我最愛的人！妳的愛，將伴我一生！我的愛，永遠不會改變！」

看了這一句，瑪麗的眼前模模糊糊地浮現出一個男孩的身影。曾經以為他就是自己的全部生命，可是離開校門以後，他們就沒有再見面，她不知道他現在在哪兒，在做什麼。她只知道他的愛沒有伴自己一生，她的愛，也早已經改變。

許多人曾經以為只要好好愛一個人，就不會分手，現在才知道，妳對他好，他也一樣會愛別人。曾經以為自己不會再愛上第二個人，可是一旦妳經歷著一生中的第二次愛情，就會發現和第一次一樣甜美，一樣折磨人，一樣沈迷，一樣刻骨銘心。

♥經歷了許多的人，許多的事，歷盡了無數的滄桑之後，妳就會明白：這個世界上，沒有什麼不可以改變的。美好、快樂的事情會改變，痛苦、煩惱的事情也會改變，曾經以為不可能改變的，許多年後，妳就會發現，其實很多事情都改變了。而改變最多的，竟是自己。不變的，只是小孩子美好天真的願望罷了！

POINT

不要把手縮進口袋裡

保護愛你的人，把必要的東西供給像星辰一樣為你放射光芒的人，再也沒有更甜蜜的事了。——（法）雨果

貝蕾年輕的時候，她的爸爸說了這樣意味深長的話：「不要讓外界告訴妳妳能做什麼。手縮進口袋裡，妳永遠爬不上成功的梯子。」

高中時貝蕾很想學打字，但被拒絕的原因只為了不能拖累全班的進度。爸爸告訴她：「時光易逝，妳不能就那樣被阻擋，還有好多障礙等著呢。」於是，她借了朋友的打字機開始自學。

貝蕾永遠難以忘記自己的明星夢。但她又發現了更有吸引力的東西：新聞。是校刊和年冊啟發了她。她要做記者。到電視臺工作便成了她的理想。可是貝蕾明白，機會對於自己

而言是微乎其微。瞧電視上那些女士多麼「完美」！她只得把目標對準廣播電臺。

她選了些有關廣播電視的課程。然後將錄音帶寄給全國各地幾家電臺。她的第一個工作是透過電話在堪薩斯市立電臺找到的。但當節目主持人見到她時他緊盯著她的手，懷疑她怎能操縱得了廣播臺上的按鈕，而那不過是最簡單的動作。無需多言，貝蕾已覺察他的猶豫。

於是她就做了一直努力練習的動作，讓他看。以後四年，貝蕾便一直從事心愛的電臺工作，從堪薩斯到紐約，最後到聖地牙哥。

貝蕾依然深知，在電視廣播記者的夢想成真之前她是無法完全滿足。她決定孤注一擲。先是一次次失敗，幾乎讓人心灰意冷。一些電視臺只是輕率回絕，不講任何原由。另一些電視編導則搖著頭，說：「遺憾！妳的手會分散觀眾注意力。」

但是貝蕾從未放棄過，她不停地遞求職信於聖地牙哥一個又一個電視臺。花了一年半時間轉了一大圈，最後「KG」電視臺的新聞主持人倫．邁爾恩先生讓她成了消費者專欄的記者。她知道他們沒有先例讓有缺陷的人上鏡，用自己只是嘗試。

三周後，貝蕾開始感到不安。在KG電視節目中首次亮相，她戴著仿指手套。它看起來幾可亂真，但貝蕾卻覺得非常虛假。

「我豈不成了木偶？」螢幕上她的身體語言又僵硬又呆板。

爸爸及時提醒她：「不要抱怨。妳必須懂得在電視上報導新聞的機會可是介於零和無限之間的。」

她沒有抱怨，但和她主持新聞的搭檔察覺到她的不安。

「是這手套，」貝蕾告訴他：「讓我覺得好像戴著面具。」

他說：「拿下它吧！到鏡頭前去，讓我們看看又會怎樣。」

她感到寬慰，更感到驚慌。她想：「我的電視生涯就在此一舉了。觀眾否定的信和電話將永遠劃破我的夢想。」

那天晚上五點播新聞，貝蕾赤手出現在螢光幕前。接下來，便是等待。

電視臺的電話交換機的指示燈亮了。信，雪片般飛來。每個電話和每封信都肯定了她。許多人讚歎貝蕾顯現出了真實的自我。更有甚者，根本沒留意她的手，對她的表現慷慨地給予了「自然」的評價。

貝蕾很快成為了美國CBS電視臺最知名的節目主持人之一。

◆在一次次的失敗面前，不要心灰意冷；別人否定了妳，妳還是要相信自己。人生的意義在理想的光輝中閃爍；生命的價值在創造的生活中閃現，妳要做的，只是充滿信心地伸出妳的雙手。

POINT

唯有有恆才會有效

愛和被愛過，這就夠了。不必再作其他希求。在生活的黑暗褶子裡，是找不到其他的珍珠的。愛是完滿的幸福。——（法）雨果

有個胖太太，每天都聽她說要減肥。但是，吃東西的時候，分量都吃得比別人多，睡眠時間又比別人長；叫她做些家事，她說太辛苦，提醒她應該去運動，她嫌勞累，邀她一起到公園慢跑，她怕曬太陽，還怕流汗。

有一天，她站在磅秤上，低頭看見磅秤上的指針停在七十公斤，大吃一驚。

那天她狠下心，一整天只吃一點點東西，油鹽甜膩皆不敢入口。然後，馬上到體育用品店去，購買了全套的運動衣褲還有鞋襪，接著立刻像拼命般的又跑又跳。從第二天開始，她實行少吃多運動的生活習慣。

大家都以為這一次她肯定能減肥成功。因為第三天，她也很有決心地進行了她的計劃。

一個星期過去了，她充滿了信心，站上那個令她一看便心跳一百的磅秤上，當她發現指針仍然固執地指著七十公斤時，她像一顆洩了氣的氣球一般，很快地軟塌下來。

她認為自己是上當了。她覺得自己不是沒嘗試過，也不是沒有努力過；但是卻沒有看到成績。她生氣了！

失望透頂的她於是就放棄了減肥。她認定自己再也沒有指望恢復婚前的苗條。自第八天開始，絕望的她恢復以前的生活方式，大吃大喝，中午午睡，晚上早睡，運動衣褲則束之高閣。

♥類似這般一曝十寒的做法，不要說減肥，無論是進行任何事，都不會有成功的一天。不是說方法不對，而是行事的態度出了差錯。一個人如果做事沒有恆心，是任何事也不會成功的。

POINT
想辦法把沙子同化

愛情的最高症狀便是一種有時幾乎無法按捺的感傷情緒。——（法）雨果

珍子是日本人，她們家世代採珠，她有一顆珍珠是她母親在她離開日本赴美求學時送給她的。

在她離家前，她母親鄭重地把她叫到一旁，給她這顆珍珠，告訴她說：「當女工把沙子放進蚌的殼內時，蚌覺得非常的不舒服，但是又無力把沙子吐出去，所以蚌面臨兩個選擇：一是抱怨，讓自己的日子很不好過；另一個是想辦法把這粒沙子同化，讓它跟自己和平共處。於是蚌開始用部分的營養分去把沙子包起來。

「當沙子裹上蚌的外衣時，蚌就覺得它是自己的一部分，不再是異物了。沙子裹上的蚌的成分越多，蚌越把它當作自己，就越能心平氣和地和沙子相處。」

母親啟發她道：「蚌並沒有大腦，它是無脊椎動物，在演化的層次上很低，但是連一個沒有大腦的低等生物，都知道要想辦法去適應一個自己無法改變的環境，把一個令自己不愉快的異己，轉變為可以忍受的自己的一部分，人的智慧怎麼會連蚌都不如呢？」

尼布林有一句有名的祈禱詞說：「上帝，請賜給我們胸襟和雅量，讓我們平心靜氣地去接受不可改變的事情；請賜給我們勇氣，去改變可以改變的事情；請賜給我們智慧，去區分什麼是可以改變的，什麼是不可以改變的。」

♥ **成功的女人往往都具有百折不撓的特質。我們憑什麼一有挫折便怨天尤人，跟自己過不去呢？打牌時，拿到什麼牌並不重要，如何把手中的牌打好才是最重要的。**

POINT

重新美麗地活下去

舞臺上的愛情比生活中的愛情要美好得多。因為在舞臺上，愛情只是喜劇和悲劇的素材，而在人生中，愛情卻常常招來不幸。它有時像那位誘惑人的魔女，有時又像那位復仇的女神。——（英）培根

有一部韓劇講了一個很好的故事：一個年輕女人本來有個很會賺錢的老公和一個女兒，可是幸福的家庭生活被突然闖入的老公的情人給破壞了。雖然老公願意和她繼續生活，並且為她搬了家，換了生活方式，解釋那件事情只是一個意外。但是，她從此對自己的家庭主婦身份，以及對人生產生了強烈的懷疑。劇中還有一個小插曲加強了這種對人生的懷疑——到了姐姐的忌日，她問媽媽是否要去拜祭。她媽媽說不用了，已經給了錢，以後廟裡的和尚會做；她的姐夫也已經有了新的太太，姐姐的女兒有了新媽媽。她覺得姐姐這個人的痕

跡已經從這個世界上完全抹去了，什麼也沒剩下。

女主角後來和一位鄉下醫生有了外遇，但是他們都不再相信另一段婚姻會更好；也不能再回到原處。他們開著車子在鄉村公路上遊蕩，不知道要往哪裡去。後來遇上了車禍，醫生死了，她活了下來。臨近結尾的時候，女主角自述她找到了一份工作，獨自一個人生活，每天隨便找點最便宜的飯吃。

有一天她特意穿了紅裙子去拍照片，攝影師問她今天是不是什麼特別的日子，為什麼一個人來拍照。她流下了眼淚，說不是什麼特別的日子，只是因為她沒有照片。

但是，誰都看得出，穿上紅裙子的她顯得很美，很有活力。

♥經歷了挫折和苦難，只要把自己從內到外裝扮起來，重新美麗地活下去。只要妳的心不厭倦，生活中隨時都有亮麗的風景。

TALENT

大大的享受拓展視野的好選擇

謝謝您購買 那些不能告訴男人的事：只給女人的幸福答案 這本書！

即日起，詳細填寫本卡各欄，對折免貼郵票寄回，我們每月將抽出一百名回函讀者寄出精美禮物，並享有生日當月購書優惠！

想知道更多更即時的消息，歡迎加入"永續圖書粉絲團"

您也可以利用以下傳真或是掃描圖檔寄回本公司信箱，謝謝。

傳真電話：（02）8647-3660　　信箱：yungjiuh@ms45.hinet.net

☺ 姓名：　□男　□女　□單身　□已婚

☺ 生日：　□非會員　□已是會員

☺ E-Mail：　電話：（　）

☺ 地址：

☺ 學歷：□高中及以下　□專科或大學　□研究所以上　□其他

☺ 職業：□學生　□資訊　□製造　□行銷　□服務　□金融

□傳播　□公教　□軍警　□自由　□家管　□其他

☺ 您購買此書的原因：□書名　□作者　□內容　□封面　□其他

☺ 您購買此書地點：　金額：

☺ 建議改進：□內容　□封面　□版面設計　□其他

您的建議：